HISTOIRE
DU
DONJON DE LOCHES

PAR

M. EDMOND GAUTIER

> Tanta vis admonitionis inest in locis !.... Et id quidem in hac urbe infinitum ; quacumque enim ingredimur, in aliquam historiam vestigium ponimus.
> (Cicéron, *De finib. bon.* V, 1 et 2.)

CHATEAUROUX
TYPOGRAPHIE ET STÉRÉOTYPIE A. NURET ET FILS
72, RUE GRANDE 72

1881

LE
DONJON DE LOCHES

CHATEAUROUX. — TYPOGRAPHIE ET STÉRÉOTYPIE A. NURET ET FILS

PLANCHE I

VUE CAVALIÈRE DU DONJON

HISTOIRE

DU

DONJON DE LOCHES

PAR

M. EDMOND GAUTIER

> Tanta vis admonitionis inest in locis !... Et id quidem in hac urbe infinitum ; quacumque enim ingredimur, in aliquam historiam vestigium ponimus.
> (Cicéron, *De finib. bon.* V, 1 et 2.)

CHATEAUROUX
TYPOGRAPHIE ET STÉRÉOTYPIE A. NURET ET FILS
72, RUE GRANDE 72.
—
1881

A MA SŒUR.

Tu aimes et tu connais comme moi notre vieux château. Je suis heureux de mettre ton nom en tête de ce petit livre, en souvenir de nos promenades autour des vieux murs, et comme témoignage d'affection.

E. G.

L Y A quelques années, le château de Loches n'était connu que dans un rayon fort restreint, et visité seulement par de rares étrangers. Aucune étude spéciale ne lui avait été consacrée. Son histoire se trouvait éparse dans un petit nombre de livres, dont quelques-uns ne se rencontrent plus que dans les bibliothèques publiques ou dans les collections particulières.

Aujourd'hui que des communications faciles et rapides amènent chaque jour dans nos murs des visiteurs de plus en plus nombreux, nous avons pensé faire une œuvre utile en rassemblant pour eux les documents historiques qui composent l'histoire du Donjon.

En 1869, la réunion à Loches du Congrès archéologique de France, sous la direction du savant et regretté M. de Caumont, nous avait donné l'occasion d'écrire sur ce sujet encore peu connu une notice de quelques pages. Malgré l'accueil bienveillant qu'elle a reçu des touristes, nous n'avons jamais cherché à nous dissimuler que les limites en étaient trop étroites, et que de nombreuses lacunes restaient à combler.

Onze ans se sont écoulés depuis cette époque. Nous avons essayé de les mettre à profit, par une étude constante et approfondie du monument, et des auteurs qui pouvaient nous livrer un lambeau de son histoire.

De plus, aidé et encouragé par quelques amis qui partagent nos goûts et professent avec nous le culte de notre histoire locale, nous avons entrepris et mené à bonne fin des fouilles considérables. Nous avons découvert et débarrassé un étage entier du vieux Donjon, complètement oublié [1].

C'est le résultat de ces recherches, et de nos études de onze années, que nous publions aujourd'hui.

Nous ne connaissons guère d'auteurs qui se soient spécialement occupés du Donjon de Loches. M. Baillargé, architecte, est le seul qui lui ait consacré quelques pages, où brillent la sérieuse érudition archéologique et la vive

[1]. Une société archéologique, composée de quelques membres seulement, s'est formée à Loches dans le cours de l'année 1875, et, avec ses seules ressources, a entrepris le déblaiement de l'étage inférieur de la tour. Ce travail n'a pas donné moins de 5,000 mètres cubes de matériaux de démolition à extraire. Un ancien puits de 2 mètres de diamètre a été vidé jusqu'à une profondeur de 75 pieds. — M. Chabbert, gardien-chef de la prison, dirigeait et surveillait les fouilles avec un zèle pour lequel la Société française d'archéologie lui a décerné une médaille de bronze en 1878.

imagination de l'auteur, mais où le côté historique est traité trop rapidement. Ce petit livre a été notre premier guide; d'autres sont venus ensuite, en tête desquels il faut citer le *Dictionnaire de l'arrondissement de Loches*, par Dufour (1812) : à part quelques erreurs, c'est le plus sérieux et le plus sûr que l'on puisse encore consulter. — Chalmel, dans son *Histoire de Touraine* (1826), et le Ch[er] Adolphe de Pierres, dans ses *Tablettes chronologiques de l'histoire de Loches* (1843), ne se recommandent ni par une grande exactitude, ni par une critique bien sévère ; ces ouvrages, — dont le dernier n'est qu'une suite sans liaison de notes chronologiques extraites principalement de Dufour et de Chalmel, — embrassent en même temps l'histoire générale de la ville.

Il est assez difficile en effet d'isoler l'histoire du château de celle de la ville, et même, dans le commencement, de celle des comtes d'Anjou. Notre donjon fut, presque au même titre qu'Angers, le berceau de la puissance des princes angevins, et le plus illustre d'entre eux voulut même avoir sa sépulture près de la forteresse dont il avait été le maître et probablement le fondateur.

Du jour où le château de Loches leur fut confié pour garder la vallée de l'Indre contre les invasions normandes, nous voyons ses possesseurs, fidèles à leur mission d'origine, marcher pas à pas et de siècle en siècle vers le but indiqué, tantôt par les armes, tantôt par des traités et des mariages ; conquérir les domaines de leurs ennemis héréditaires, et, refoulant hors de France la puissance normande, les poursuivre au delà des mers, et s'asseoir à leur place sur le trône d'Angleterre, où règnent encore aujourd'hui les descendants de Foulque le Noir et de Geoffroy le Bel ; — tandis qu'à partir de ce moment les rois de France, agissant en sens inverse mais dans un intérêt semblable, luttent avec acharnement contre les successeurs des Plantagenets, et finissent par déposséder la race angevine, devenue désormais étrangère et ennemie, des provinces où elle avait pris naissance, et qui lui appartenaient par droit d'héritage et de conquête.

Pendant ce temps-là une petite ville s'est formée au pied du château, et désormais elle vivra de sa vie propre. Elle aura aussi ses monuments, ses remparts, son organisation ; son importance ira en grandissant à mesure que celle du château diminuera. Forteresse ou prison, le Château est le domaine du roi ; et bien que l'administration et les intérêts de la ville en restent distincts, on comprendra que les points de contact seront nombreux et que leurs histoires se confondront souvent. Les événements se mêlent quelquefois à ce point, qu'il est difficile de savoir où commence l'une et où finit l'autre.

Mais une histoire ainsi conçue, pour être une œuvre sérieuse, demanderait des volumes. Renvoyant donc à des temps plus éloignés, — si Dieu nous prête vie et loisir, — l'histoire de la ville proprement dite, nous avons, pour être plus exact et plus précis, restreint notre sujet. Le

Donjon à lui seul nous a paru digne d'être étudié séparément. Nous avons essayé, — sans nous flatter d'y avoir toujours réussi, — de faire une part à chaque chose, et de distinguer autant que possible, sans les séparer d'une manière absolue, l'histoire du château de celle de la ville.

Si nos devanciers ont eu sur nous les avantages de la supériorité scientifique ou littéraire, et de l'autorité qui s'acquiert avec le temps, pas plus que nous ils n'ont eu la passion de la recherche, l'amour de nos antiquités nationales, le respect absolu de la vérité historique. — Et nous avons en outre cette bonne fortune inappréciable d'être né à l'ombre de ce vieux donjon ; de l'avoir eu sans cesse, en grandissant, devant les yeux et dans la pensée ; d'avoir pu et de pouvoir encore lui consacrer une étude de tous les jours et de toutes les heures ; et de nous être, pour ainsi dire, tellement identifié à lui, qu'il nous semble qu'il nous appartient.

Il ne nous a pas paru nécessaire de surcharger de notes et de renvois le bas de chaque page, pour indiquer les sources auxquelles nous avons puisé. C'eût été l'occasion, sans doute facile, de faire étalage d'érudition, en accumulant les uns sur les autres les cinquante noms des tablettes de M. de Pierres, auxquels on pourrait encore en ajouter facilement une vingtaine. Il eût fallu souvent citer dix ouvrages pour le même fait. Nous nous sommes contenté d'indiquer, quand cela nous a paru plus particulièrement utile, le nom de l'auteur à la suite du passage cité.

Nous avons surtout recueilli avec grand soin, toutes les fois que cela nous a été possible, les documents inédits contenus aux archives de la ville. Ces témoignages précieux, contemporains des faits qu'ils constatent, sont, pour l'histoire locale, les plus authentiques, les plus indiscutables des preuves, et nous nous sommes bien gardé de les négliger.

Nous voudrions espérer que chaque lecteur trouvera dans notre livre ce qu'il cherche : — le touriste, les grands faits historiques dont notre vieux Donjon fut autrefois le théatre ; — l'archéologue et l'homme d'étude, des recherches consciencieuses et le fruit d'un examen longtemps mûri dans une sorte d'intimité avec le monument, et poursuivi avec une passion qui a souvent fait le charme et le délassement du travail aride et des efforts perdus.

Des dessins, des plans, et de nombreuses inscriptions recueillies sur les murs compléteront et éclaireront le texte ; les visiteurs pourront emporter du château de Loches quelque chose de plus durable que le souvenir d'une visite passagère et rapide.

On pourra sans doute nous reprocher — et nous le confessons à l'avance — biens des imperfections, des lacunes, des inexactitudes involontaires. Mais nous espérons que l'on voudra bien aussi nous tenir compte des difficultés pour ainsi dire personnelles que nous avons rencontrées, en raison de notre éloignement des grands dépôts scientifiques, de la pénurie des livres et des sources d'information à laquelle on se heurte sans cesse dans une petite ville ; en raison aussi des trop rares loisirs que nous avons pu consacrer à un travail qui voulait être conduit avec suite, et qui trop de fois, bien malgré nous, a été interrompu et repris ; et l'on nous saura peut-être gré d'avoir, avec ces faibles moyens, et dans ces limites restreintes, recherché scrupuleusement et exclusivement la vérité.

EDMOND GAUTIER.

Loches, 5 février 1880.

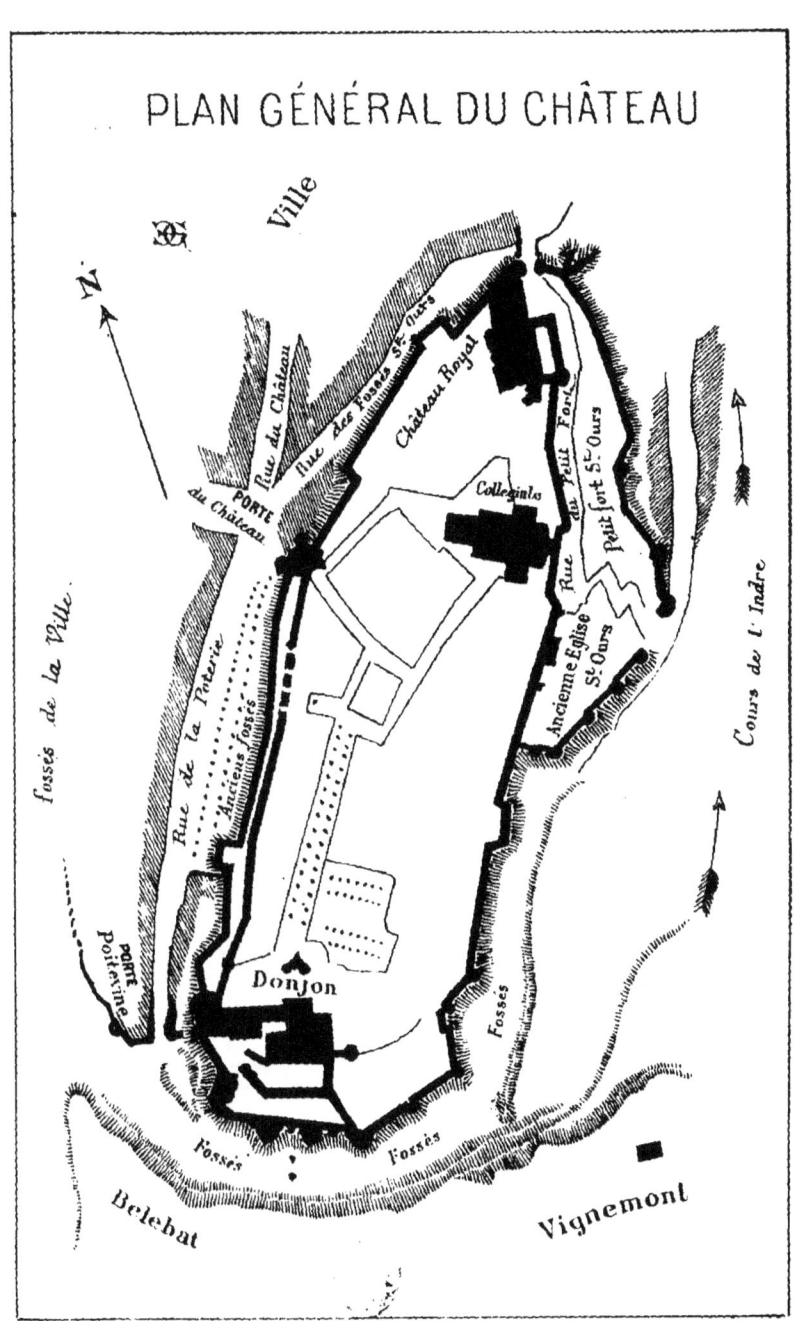

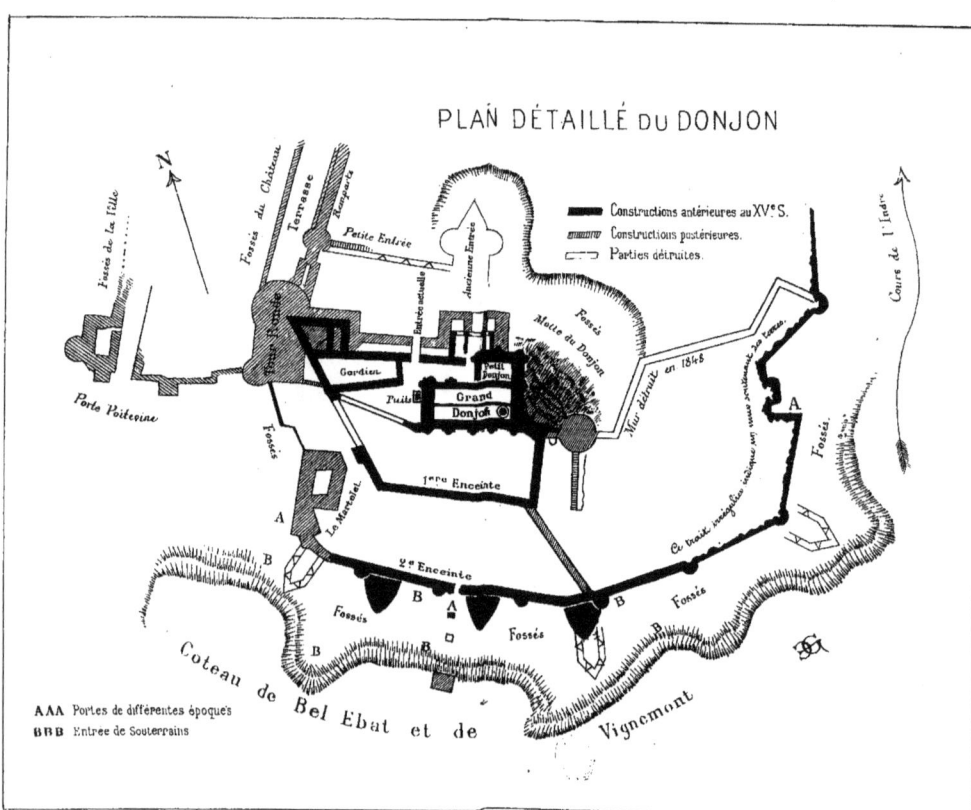

I

LES ORIGINES DU DONJON. — LES NORMANDS. — INGELGER ET
LES PREMIERS COMTES D'ANJOU (450-997).

DEMI couchée au bord des prairies que l'Indre, comme un ruisseau bordé de frais ombrages, arrose d'un cours sinueux, à demi assise sur les pentes que domine son vieux château, Loches est une ville du moyen âge oubliée par le temps et les révolutions, et encore endormie au beau soleil de la Touraine.

Au flanc du coteau s'échelonnent ses maisons de pierre blanche, enveloppées d'une vapeur bleue ou resplendissantes de lumière ; la tour Saint-Antoine dresse son aiguille grise, dont le léger campanile monte presque aussi haut que le château, et la vieille église de Geoffroy Grise-Gonelle découpe sur le ciel les pyramides de ses quatre clochers, entre le palais bâti par les rois de France, et le Donjon des comtes d'Anjou.

Par un privilège bien rare de nos jours, la ville de Loches est encore ce qu'elle était autrefois, et les changements que les siècles lui ont apportés ont à peine modifié sa physionomie première. Elle est restée la ville gothique par ses monuments, — et un peu par ses mœurs ; — la ville tourangelle par son indolence et la douceur de son climat ; — la petite ville enfin par son peu d'étendue, le charme de sa situation, et l'agrément des campagnes qui viennent jusqu'à ses portes.

Ainsi que le dit son nom [1], Loches fut à l'origine une petite bourgade celtique, située sur le bord d'une prairie marécageuse, au pied d'un coteau couvert d'une épaisse forêt. Au milieu de cette prairie, se dressaient quelques huttes bâties sur pilotis, habitations assez semblables à celles des sauvages.

Point de ville proprement dite ; point de murailles ni de de citadelle comme en bâtirent plus tard les Gaulois ; — mais dans le rocher, à l'ombre des bois, étaient creusés ces dédales souterrains, ces *latebræ*, propres aux peuples de la Germanie et de la Gaule, et décrits par Tacite, Florus, César, etc. Refuge pendant l'hiver, magasins de vivres, véritable retraite de bêtes fauves en cas d'invasion ennemie, tel était le *Château* de ces peuples primitifs [2].

L'entrée de ces souterrains était en général protégée par une motte de défense entourée de fossés, mais n'était surmontée d'aucune construction. Tel on voyait encore, au temps de l'abbé Suger, le château de la Roche-Guyon : « Sur un promontoire que forment, dans un endroit de difficile accès, les rives du grand fleuve de la Seine, est bâti un châ-

---

1. La forme celtique *Loch*, un lac, un marais, a persisté dans le bas breton et dans la langue écossaise. Les Romains, comme dans beaucoup d'autres cas, ont latinisé ce nom de toutes les manières : *Locas, Loccæ, Lochiæ, Luccæ, Lucas, Luchis*, etc.

2. « *Solent et subterraneos specus aperire, eosque multo insuper fimo onerare, suffugium hiemi et receptaculum frugibus. Et si quando hostis advenit, aperta populatur ; abdita autem et defossa aut ignorantur, aut eo ipso fallunt quo quærenda sunt.* » (Tacite, *Germ.*) — Voir notre *notice sur les souterrains du château de Loches*, dans le t. III du *Bulletin de la Société archéologique de Touraine*.

teau non noble, d'un aspect effrayant, et qu'on nomme la Roche-Guyon ; invisible à la surface, il est creusé dans une roche élevée ; la main habile de celui qui le construisit a coupé sur le penchant de la montagne, et à l'aide d'une étroite et chétive ouverture, le rocher même, et formé sous terre une habitation d'une très vaste étendue [1]. »

Nous retrouvons partout, dans le château et dans le vaste plateau de craie sur lequel il est bâti, des traces de ces souterrains. Bien antérieurs, selon nous, aux constructions qui les surmontent, ils sont les restes de ces retraites que les premiers habitants du pays avaient creusées pendant plusieurs générations, à une époque sur laquelle l'histoire est muette, véritables refuges, destinés à la fuite plutôt qu'à une défense proprement dite.

Par un instinct naturel, les Romains conquérants, bien que plus savants dans l'art militaire, s'établirent sans doute à la place des habitants primitifs. La situation des lieux leur fournissait, à l'aide de travaux peu considérables, un bon campement et un poste facile à défendre. D'ailleurs, comme point stratégique, le plateau de Loches était d'une importance qui ne dut pas leur échapper ; à la fin de sa seconde campagne dans les Gaules, l'an 57 av. J.-C., César mit ses légions en quartier d'hiver chez les Carnutes, les Andes et les Turons, c'est-à-dire dans toute la vallée de la Loire. Mais les vallées secondaires, telles que celle de l'Indre, durent être gardées aussi, et Loches était un point trop important pour être négligé. Peu de travaux étaient nécessaires pour lui donner une puissance formidable. Si nous n'avons trouvé jusqu'à présent aucune construction militaire des Romains, nous savons cependant qu'une voie romaine au moins, — celle

---

1. *Vie de Louis le Gros*, traduction de M. Guizot, citée par M. Viollet le Duc, v° *Donjon*, p. 58.

de *Cesarodunum* au *Vetus Pictavos* — passait à Loches. Sur plusieurs points, même jusque dans l'enceinte du château, on a découvert des débris de poteries, tuiles, etc. Outre les villas de Cornillé et de Contré, et les restes d'un aqueduc près de cette dernière, le bénitier de la Collégiale, ancien autel païen, dont la provenance ne saurait être douteuse, nous indique l'occupation romaine, dont les traces se retrouvent encore, enfouies à plusieurs mètres de profondeur, sous des atterrissements successifs.

Grégoire de Tours dit, en parlant de saint Eustoche, cinquième évêque (vers 450), qu'il bâtit des églises dans plusieurs bourgs au nombre desquels il cite Loches. En 491 saint Ours, originaire de Cahors, après avoir fondé à Sennevières un monastère qu'il laissa sous la direction de saint Leubais, venait avec quelques moines s'établir dans ces grottes creusées par les habitants originaires, au-dessus desquelles on vit se dresser le premier château dont l'histoire ait conservé le souvenir : « *In recessu montis cui nunc castrum supereminet.* »

Ce château existait donc au temps de Grégoire de Tours, peut-être même auparavant, si nous en croyons l'auteur du *liber de compositione castri Ambaziæ*. D'après lui, Mérovée aurait confié la garde de Loches contre les Huns à un de ses fidèles, nommé Silarius, qui persécuta le monastère naissant de saint Ours, et, pour désigner cette place, le chroniqueur se sert des mots *castrum* et *oppidum*. Nous remonterions ainsi jusqu'au milieu du cinquième siècle.

Quel pouvait être ce *castrum* ? Sans doute un reste des premiers ouvrages des Romains, un camp fortifié, entouré de fossés et de palissades, au milieu duquel se dressait, sur une motte circulaire, un donjon, probablement en bois ; toujours est-il que Pépin et Carloman, en 742, marchant contre Hunald, duc de Toulouse et d'Aquitaine, qui s'était révolté contre eux, s'emparent du château de Loches, faisant alors partie du domaine de leur ennemi, et le détruisent de fond en comble : « *Lucca castellum diruunt atque funditus subvertunt.* » (Frédégaire.) Cette destruction totale nous montre que le château d'alors devait être bâti en matériaux de peu de résistance. Il fut sans doute relevé peu de temps après ; nous le trouvons sorti de ses ruines en 840 lorsque Charles le Chauve en fit don à un homme noble d'Orléans, nommé Adaland, pour résister aux incursions des Normands.

On sait que, pendant un siècle, ces pirates, venus du Danemark et de la Norwège, essayèrent de s'établir sur le sol français, et qu'enfin Charles le Simple, en 912, les mit, par le traité de Saint-Clair-Epte, en possession d'une des plus riches provinces du royaume, la Neustrie, qu'ils avaient déjà presque totalement conquise, et à laquelle ils donnèrent leur nom. Mais avant d'atteindre ce but, ils avaient périodiquement ravagé les côtes, remontant le cours des fleuves, tantôt la Seine, tantôt la Loire ou la Gironde, pillant les villes, les campagnes et les riches abbayes qu'ils trouvaient sur leur route. Leurs attaques cependant ne se bornaient pas, comme on pourrait le croire, aux rives des fleuves. Les fleuves et les rivières étaient pour eux des routes quand leurs barques pouvaient y voguer. Ils suivaient les vallées comme des chemins naturels, le long desquels ils trouvaient les églises et les villes qui leur fournissaient à la fois le butin et la subsistance. Mais les Normands n'étaient pas seulement des pillards ; ils étaient des conquérants, et sur tous les points où ils abordaient, ils essayaient de prendre pied. Ils avaient de la cavalerie, de l'infanterie[1], et

---

1. *Rollo, vir armis strenuus,... peditum multitudine, equestris ordinis copia, milite multiplici stipatus* (Gesta consulum Andegavorum, de Ingelgerio).

des engins de guerre suffisants pour entreprendre le siège de villes considérables, comme Nantes, Angers, Blois, Poitiers, le Mans, Bordeaux, dont ils parvenaient à s'emparer [1], et s'avançaient peu à peu dans l'intérieur des terres. Pour cela, il leur fallait évidemment construire des ouvrages de défense, des camps retranchés, des postes fortifiés. Les rois, impuissants et inquiets devant ces invasions répétées, essayèrent cependant de les combattre en confiant à des hommes éprouvés la garde de certains points du territoire. C'est ainsi qu'en 840, Charles le Chauve, comme nous l'avons dit plus haut, fit don du château de Loches à Adaland, avec le gouvernement de deux parties d'Amboise.

En 878, Louis le Bègue érigea la Touraine en préfecture royale, et en confia la défense à Ingelger, sénéchal du Gâtinais, qui s'acquitta vaillamment de ce devoir. — En récompense de ses services le roi lui fit épouser vers la même époque Adèle, fille et héritière de Geoffroy, comte du Gâtinais ; il lui concéda aussi, vers l'an 879, selon l'auteur du *Gesta consulum Andegavorum*, la moitié du comté d'Anjou.

Loches n'appartint point à Ingelger, mais à son fils Foulque le Roux, qui la reçut en dot de Roscille, fille de Garnier et petite-fille d'Adaland.

Ingelger, Foulque, et leurs successeurs luttèrent sans relâche contre les Normands, et leur arrachèrent par lambeaux leurs domaines dévastés et leurs châteaux détruits [2].

---

1. *Hastingus.... civitates obsidet, mœnia subvertit, turres terrœ coæquat ; oppida, rura, vicos ferro, flamma, fame depopulatur. Jam muri crebro quatiuntur ariete, et machinarum ictibus cedentes, ruinam sui minantur* (Ibid.).

2. Foulque Rechin, en parlant de ses ancêtres, Ingelger, Foulque le Roux et Foulque le Bon, dit: « *Isti autem quatuor consules te-*

A partir de 886, Loches entre dans le domaine des comtes d'Anjou par le mariage de Roscille et de Foulque Ier. De cette union naquirent trois fils, Guido qui fut évêque, Ingelger tué fort jeune en combattant les Normands, et Foulque II surnommé le Bon, qui succéda à son père.

Sous le gouvernement de Foulque II, il n'est guère parlé du château de Loches. La paix avec les Normands était faite, la tranquillité était générale. Le duc Rollon, converti et baptisé, avait reçu en apanage une des plus belles provinces de France, et il avait épousé la fille de Charles le Chauve. Foulque fut un prince pacifique et généreux, qui ne fit pas la guerre, et enrichit les églises. Il était instruit, ami des lettres, et chantait volontiers au chœur en habit de clerc. Un jour que le roi s'était permis de sourire de la piété du comte, celui-ci lui écrivit : « Au roi des Francs, le comte des Angevins : Sachez, seigneur, qu'un roi illettré est un âne couronné. » Il avait une dévotion particulière pour saint Martin ; quand il rencontrait des pauvres, il leur disait : « Allez vers mon glorieux seigneur Martin, et dites-lui : « Glorieux saint Martin, votre serviteur Foulque le Bon nous envoie à vous afin que, par le bénéfice de votre piété, pour l'amour de Dieu et de votre dit serviteur, vous veniez à notre secours. »

Geoffroy, l'aîné de ses fils, lui succéda. Geoffroy Ier surnommé Grise-Gonelle, parce qu'il portait habituellement un manteau à capuchon, d'une étoffe nommée griset ou buret, est, avec son successeur Foulque Nerra, l'homme le plus remarquable et le plus batailleur de cette vaillante race ; ses exploits guerriers et les services qu'il rendit au roi lui valurent, si l'on en croit les chroniqueurs, la dignité de

---

nuerunt honorem Andegavinum, et eripuerunt eum de manibus paganorum. » Et en parlant de Foulque Nerra : « ... *Et ædificavit plurima castella in sua terra quæ remanserat deserta et nemoribus plena propter feritatem paganorum.* » (Fragm. hist. Andeg.)

sénéchal de France. Son surnom de Grise-Gonelle serait lui-même un titre de gloire. Pendant que les Danois assiégeaient Paris, un de leurs chefs, Ethelwulf, « comme un autre Goliath, » provoquait tous les jours les troupes royales, et avait déjà tué en duel plusieurs seigneurs des plus nobles et des plus braves. Le comte d'Anjou, accompagné seulement de deux écuyers, et sans se faire connaître, passe la Seine pendant la nuit, et le matin venu, il provoque le Danois, et le perce d'un coup d'épée, après avoir été blessé lui-même ainsi que son cheval. Puis il lui tranche la tête qu'il fait porter dans la ville assiégée, et se rend ensuite auprès du roi. Lorsque son messager vint apporter la tête du Danois, le roi demanda le nom du vainqueur. « C'est le seigneur à la gonelle grise ! » répondit l'homme qui venait de reconnaître Geoffroy. Le roi décida qu'en souvenir de cet exploit le comte d'Anjou s'appellerait désormais Grise-Gonelle.

Dans une autre occasion il se fit le champion de la cause française contre Berthold, duc de Saxe, qu'il tua en combat singulier. La reine Emma, sa parente, lui avait donné pour le protéger dans ce duel une ceinture de la Sainte Vierge, que Charles le Chauve avait, dit-on, rapportée de Constantinople, et qui était conservée précieusement dans la chapelle du palais. En 962, Geoffroy fit le voyage de Rome, et à son retour il fonda, d'après les ordres du Pape, ou plutôt il rebâtit une église qui tombait en ruine, et la plaça sous le vocable de sainte Marie-Madeleine, première patronne, et de la mère de Dieu ; et il y déposa la relique qui lui avait été donnée par la reine. C'est la Collégiale que nous admirons encore aujourd'hui[1].

1. *Consilio ingenuorum Lucensium militum, in hoc castro Lucas scilicet hanc reædifico ecclesiam, non ut sanctæ Magdalenæ Mariæ*

Geoffroy ne résida guère à Loches ; il vécut presque toujours auprès du roi, et le suivit dans des expéditions lointaines, qui n'ont point de rapport avec notre sujet.

Il eut deux fils, Maurice et Foulque Nerra. Quelques auteurs ont prétendu que Foulque était fils de Maurice, mais le contraire résulte des titres de fondation de l'abbaye de Saint-Nicolas d'Angers, de deux épitaphes qu'on voyait autrefois, au dire de Bourdigné, en l'église Saint-Aubin de la même ville, et d'un passage de l'histoire de Foulque Réchin, où il est dit positivement que Geoffroy était le père de Foulque Nerra, « *pater avi mei Fulconis* ».

Maurice, d'après le *Gesta consulum Andegavorum*, fut d'un caractère paisible, et maintint le pays en paix, plus par sa sagesse que par la force des armes. Bien qu'on ne doive peut-être pas le mettre au nombre des comtes d'Anjou, cependant il a pu gouverner le peuple pendant les absences de son père.

C'est à cette époque que commencent à poindre les dissentiments et les querelles de voisinage, qui, sous le règne de Foulque Nerra, vont prendre une importance considérable, et finalement aboutir à un état de guerre permanent pendant plusieurs générations. Nous ne nous occuperons que de ce qui se passe dans la région dont Loches est le centre.

Landry, comte de Dunois, « homme de mauvaise foi et tout rempli de malice, » oublieux des bienfaits qu'il avait reçus de Geoffroy, attaque ses domaines, et tourmente ses fidèles d'Amboise et de Loches. Il avait pour alliés Eude de Champagne, dont les vastes possessions comprenaient

primum habitæ orationes neglectui habeantur, sed ut Dei Genitricis, etc. (Charte de fondation de la Collégiale. — Dufour, v° Loches, p. 32).

Tours, Blois, la Brie, et s'étendaient jusqu'aux limites de la Lorraine ; et Gelduin de Saumur, homme d'origine normande, qui possédait plusieurs positions importantes dans la Touraine et le Blésois, sous la suzeraineté du comte de Champagne. Geoffroy avait aussi ses partisans, au nombre desquels figurent Archambault de Buzançais et Sulpice d'Amboise.

C'est au milieu de ces complications menaçantes que Foulque Nerra prit possession du pouvoir après la mort de son père (987).

Notre intention n'est pas, on le comprend, de refaire ici l'histoire des comtes d'Anjou, mais seulement celle du château. Détournant le regard des horizons plus larges qui nous séduiraient, nous passerons donc rapidement mais à regret sur les faits qui remplissent le règne si agité, si orageux de Foulque Nerra, dont la sombre et terrible figure nous apparaît encore comme celle d'un héros des légendes merveilleuses. Quarante-trois ans de combats, onze églises ou couvents fondés et dotés ; douze villes murées et huit châteaux bâtis par ses ordres ; une suite de cruautés, d'assassinats, de pillages ; trois pèlerinages à Jérusalem en expiation de ses fautes : — telle fut la vie de cet homme extraordinaire, une des plus grandes figures du XIe siècle, qui vécut sous six rois, comblé de gloire, d'honneurs et de richesses, souillé de crimes atroces, et qui, tour à tour soldat intrépide, meurtrier de ses proches, hypocrite et dévot, violateur de monastères, constructeur d'églises, pèlerin austère et repenti, personnifie toutes les grandeurs et tous les vices de son temps.

Mais nous esquisserons à grands traits les luttes soutenues pendant un demi-siècle par ce terrible batailleur, toutes les fois qu'elles pourront mettre en lumière le rôle important réservé au château de Loches dans les plans du comte d'Anjou ; nous montrerons la part que ce dernier dut avoir dans sa fondation ou dans son agrandissement.

Loches est en effet la base de toutes les opérations de Foulque, la sentinelle placée à l'embranchement de toutes les routes, l'objectif de tous ses ennemis, sa retraite suprême. C'est de là qu'il tient en respect et qu'il combat tour à tour Landry de Chateaudun, Gelduin de Saumur, Eude le Champenois, et Thibault son fils, et Geoffroy de Saint-Aignan, et Hugue de Chaumont, tous ses voisins, tous ses ennemis, sans compter son beau-frère Conan, duc de Bretagne. Stratégiste habile autant que guerrier intrépide, dans toutes ces directions il plante comme des postes avancés les châteaux de Montbazon, Montrésor, Montrichard, la Haye, Mirebeau, Sainte-Maure, et, placé au centre de ce réseau, l'œil fixé à l'horizon, comme l'oiseau de proie dont le nom rappelle le sien, il guette le moment de s'élancer vers Amboise, Blois, Saint-Aignan ou Pontlevoy, ou d'aller tendre la main à son allié le comte de Périgord pour ravager le Poitou et marcher sur Tours.

Aussi, malgré le silence de l'histoire sur ce point, et bien que Foulque Réchin, à la chronique duquel nous n'ajoutons foi que sous réserves [1], ne nomme point Loches

---

[1]. Nous sommes assez disposé à considérer, avec quelques auteurs, la chronique du Réchin comme apocryphe. Mais fût-elle vraie, son silence ne serait pas une preuve contre la thèse que nous soutenons : il paraît assez mal instruit des affaires de sa propre famille pour avoir pu ignorer la construction du donjon de Loches par Foulque Nerra, tandis qu'il lui attribue celle du château de Durtal, bâti cependant par Geoffroy Martel, son successeur. D'ailleurs, après la nomenclature des châteaux bâtis par Foulque, il ajoute : « *et multa alia quæ enumerare mora est.* » Le château de Loches peut bien être compris dans ces *multa alia*, d'autant mieux qu'il ne s'agit pas là d'une construction *ab initio*, sur un terrain libre, comme à Montbazon par exemple, mais

parmi les châteaux bâtis par son aïeul, nous n'hésiterons point à considérer Foulque Nerra comme le fondateur de notre Donjon ; le règne tranquille de Foulque le Bon au milieu de la paix générale, l'éloignement de Geoffroy Grise-Gonelle, qui paraît avoir plutôt résidé à la cour du roi ou bataillé toujours au loin pour le compte de ce dernier, ne permettent guère de leur attribuer ce gigantesque travail. Le château de Loches ne joua dans toute cette période qu'un rôle bien effacé, et ne dut être pour les comtes d'Anjou qu'une résidence passagère.

Nous avons vu qu'il n'en est pas de même de Foulque Nerra, et que les circonstances durent appeler de bonne heure son attention sur un point aussi capital. Est-il possible de supposer qu'il eût laissé dans une infériorité relative sa position maîtresse, un des « chefs d'honneur » de son patrimoine, selon l'expression du Réchin, lui qui passa toute sa vie à bâtir églises et châteaux, jusque sur les domaines des autres quand il y trouvait son intérêt[1] ?

Dans son mode de bâtisse, le donjon de Loches ne ressemble guère, nous devons le reconnaître, au donjon de Langeais (989), ni à celui de Montbazon (999); tous les deux sont en petit appareil; cependant tous les deux aussi sont sur plan carré comme à Loches. Il ne faut pas oublier non plus qu'ils datent des dernières années du Xe siècle, c'est-à-dire du commencement du règne de Foulque. Le donjon de Montbazon se rapproche déjà du nôtre. On y retrouve la même situation, les deux tours accolées, les contreforts cylindriques ; l'appareil, surtout dans les contreforts et dans

d'une reconstruction, d'une augmentation sur un terrain déjà occupé par des ouvrages plus anciens (V. l'introduction aux *Chroniques d'Anjou*, par M. Mabille).

1. Le château de Montbazon fut bâti par Foulque sur un terrain appartenant à l'abbaye de Cormery.

les murs d'enceinte, est plus grand que celui de Langeais. Encore quelques années, et nous aurons à deux pas de Loches un point précieux de comparaison ; nous voulons parler de l'abbaye de Beaulieu, bâtie par notre héros, et dont les ruines les plus anciennes remontent à l'an 1007. Là nous retrouvons le même appareil, les mêmes mortiers, les mêmes ouvertures. La similitude est complète, et le rapprochement ne fait que confirmer notre thèse et nous autorise à placer la construction du donjon dans les premières années du XIe siècle [1].

[1]. Dans le donjon d'Arques, près de Dieppe, bâti vers 1040 par Guillaume de Normandie, oncle de Guillaume le Bâtard, nous trouvons le même mode de bâtisse, et un plan presque identique. En se reportant à la description de ce château contenue dans le *Dictionnaire d'architecture* de M. Viollet-le-Duc, v° Donjon, le lecteur sera frappé de la similitude des deux constructions.

II

LES COMTES D'ANJOU. — FOULQUE III NERRA. — GEOFFROY MARTEL. — FOULQUE LE RÉCHIN. — FOULQUE V ROI DE JÉRUSALEM (1002-1109).

ALGRÉ sa carrière si pleine d'agitation, Foulque Nerra dut faire à Loches de nombreux et longs séjours. Pendant son premier pèlerinage à Jérusalem qui dura un an (1002), ses terres avaient été ravagées par Landry de Chateaudun, malgré les efforts d'Archambault de Buzançais et de Sulpice, trésorier de Saint-Martin de Tours. Archambault étant mort, Sulpice ne suffisait plus à contenir les ennemis du duc d'Anjou. Celui-ci, à peine de retour, s'empresse de prendre l'offensive, et c'est le commencement de la lutte qui va bientôt embraser la Touraine, le Blésois, l'Anjou et la Bretagne, et dans laquelle le château de Loches va jouer un rôle important.

Quelques années plus tard, triomphant de presque tous ses ennemis, rassuré du côté de Blois par la construction d'un nouveau donjon à Montrichard, Foulque remplace Sulpice de Buzançais devenu vieux, par un de ses plus fidèles amis, Lisoie, de Basougers près la Flèche. Puis il part de nouveau pour la Terre Sainte (1011).

Lisoie était fils d'Hugue, filleul d'Hugue Capet, lequel étant devenu roi lui donna la seigneurie de Lavardin avec ses dépendances, et lui fit épouser Helpe, à laquelle Lavardin appartenait par droit d'hérédité. Au décès de celle-ci, Hugue épousa Odeline, fille de Raoul vicomte de Sainte-Suzanne, qui lui apporta en dot les seigneuries de Basougers et de Sainte-Christine, que Lisoie, leur fils, eut en partage.

Lisoie, en l'absence de Foulque, reçut le commandement du château de Loches ; il fit venir près de lui ses frères, et avec l'aide de Roger le Petit-Diable, seigneur de Montrésor, les troupes du comte d'Anjou firent de fréquentes excursions dans le Blésois jusqu'à Chaumont, dans le seul but, paraît-il, de ravager le territoire ennemi, « *causa deprædandi.* »

En 1012 un événement important se passait tout auprès de Loches. Il s'agissait de consacrer la nouvelle église fondée par Foulque à Beaulieu, et qui, détruite par un ouragan en 1007, peu de temps après sa construction, venait de sortir de ses ruines. Le cardinal Pierre, envoyé par le pape, était chargé de cette importante mission. Foulque dut évidemment assister à cette cérémonie, de même qu'il assistait à l'acte de fondation de 1007, ainsi que le prouve sa signature mise au bas de la charte, avec celles de son fils Geoffroy et de sa femme Hildegarde, de Lisoie de Basougers, de Geoffroy de Preuilly, et de plusieurs autres seigneurs. Entre autres libéralités il fit don à la nouvelle abbaye de son monnayage de Loches.

En 1025, à peine venait-il de s'emparer de la ville et du château de Saumur, que nous le trouvons devant Montbazon. Cette place, bâtie autrefois par lui sur les terres de l'abbaye de Cormery, était tombée au pouvoir d'Eude de Champagne, comte de Tours et de Blois. Effrayé de la prise de Saumur, Eude était venu aussitôt assiéger un fort élevé par Foulque aux portes mêmes de Tours, nommé Montboyau. Le comte d'Anjou, pour faire diversion, et dans l'espérance de rentrer dans son château, menace Montbazon. Eude lève aussitôt le siège de Montboyau et marche au-devant de Foulque ; mais celui-ci par une fuite simulée se retira sur Loches et vient camper dans la prairie sous les murs du Donjon, où son ennemi n'osa pas le poursuivre.

Bien que chargé d'années, Foulque ne sentait point se refroidir son ardeur belliqueuse. En 1039, après s'être emparé de Chinon, il reprend sur le comte de Blois son château de Montbazon, et peu de temps après il attaque celui de Saint-Aignan. Livré au comte d'Anjou par Arnaud de Breteuil ou de Brusteil (*de Bruslullio*), Geoffroy de Donzy, seigneur de Saint-Aignan, est enfermé au château de Loches sous la garde de ceux qui l'avaient trahi, et qui l'étranglèrent dans sa prison pendant une absence de Foulque.

Enfin, sentant peut-être sa fin prochaine, affaibli par l'âge et par la maladie, comme s'il eût éprouvé le besoin de se recueillir à l'entrée de ce chemin où vient aboutir toute chose mortelle, Foulque fit venir son fils, et après lui avoir recommandé de faire tous ses efforts pour conserver ce qu'il avait acquis, plutôt que de tenter de nouvelles conquêtes, il le mit pour ainsi dire sous la tutelle de son fidèle Lisoie ; Lisoie était devenu l'ami du comte d'Anjou et occupait près de lui un rang élevé. Il avait abandonné la garde du château de Loches à un nommé Airard. D'après les conseils de ce dernier, Foulque conclut le mariage de Lisoie avec la fille de son vieux serviteur, Archambault de Buzançais, nommée Hersinde. Celle-ci apporta en dot à son mari la Tour de pierre d'Amboise, Verneuil et une

LE DONJON (Côté du Nord)

autre terre nommée *Maureacum*[1], et une maison à Loches qu'elle possédait par droit héréditaire. Foulque donna aussi à son ami de grands biens et des châteaux sur les bords du Cher.

Puis il partit une dernière fois pour Jérusalem, et à son retour il mourut à Metz, le 21 juin 1040. Son corps fut rapporté à Beaulieu, et enseveli dans l'église qu'il avait fondée ; son tombeau, détruit plusieurs fois, a été retrouvé le 9 février 1870. Un cercueil de pierre, engagé sous un ancien pilier et recouvert d'un enduit solide, contenait les ossements du duc d'Anjou, dans un mélange de terre et de charbon. On a reconnu deux fémurs brisés, quelques fragments de vertèbres, les deux clavicules, l'axis, des phalangettes, les deux temporaux et la tête avec ses deux mâchoires garnies de toutes leurs dents ; les os du crâne étaient complètement soudés. Les dents jaunies avaient conservé leur émail, mais elles étaient un peu usées, surtout les incisives. Le reste des os tombait en poussière. On trouva dans le cercueil deux médailles, des anneaux, des grains de collier et divers autres objets[2]. On voit encore sur le mur l'ogive de la chapelle voûtée qui abritait ce tombeau. Il est à regretter qu'une inscription commémorative ne vienne pas rappeler aux visiteurs que là repose encore le plus célèbre des comtes d'Anjou.

1. On a traduit ce nom de *Maureacum* par *Mauvières*, *Maray*, *Mouzay*. Aucune de ces interprétations ne nous paraît satisfaisante, et nous aimons mieux nous en tenir au nom latin d'un domaine qui a peut-être disparu.

2. Lire dans l'*Histoire de Foulque Nerra*, de M. de Salies, le procès-verbal des fouilles faites pour retrouver ce tombeau, et les conséquences si intéressantes qu'il a su en tirer pour l'histoire. Voir aussi le volume du Congrès archéologique de France, 1869, et les *Mémoires de la Société archéologique de Touraine*, même année. — La tête de Foulque a été photographiée.

Il eut pour successeur son fils Geoffroy II, surnommé Martel, qui fut, dit-on, nourri à Loches, par la femme d'un forgeron, d'où lui serait venu son surnom. Hildegarde, sa mère, aurait même fait bâtir à cette époque, vers 1010, une chapelle sur l'emplacement où s'éleva plus tard le clocher Saint-Antoine [1].

Geoffroy était le digne fils de Foulque Nerra : « *præ omnibus generis sui animosior*, dit la chronique des comtes d'Anjou, *negocia sua omnia cum impetu peragebat.* »

Il avait déjà, du vivant de son père, donné des preuves de cet esprit impétueux et bouillant. Vers 1032, à la suite de difficultés entre sa tante et son cousin Foulque comte de Vendôme, il s'était emparé des terres de ce dernier ; il avait, à peu près à la même époque, épousé Agnès, veuve de Guillaume IV comte de Poitou, et à la suite de cette union il s'était, malgré les efforts malheureux du comte de Poitiers Guillaume V, rendu maître de la Saintonge. Soit à cause de ce mariage, soit parce que Geoffroy ne voulait pas rendre à son cousin le Vendômois, de graves discussions s'élevèrent entre le père et le fils. Entre deux hommes de cette trempe une étincelle devait allumer la guerre. Foulque fut vainqueur, et mettant une selle sur le dos de son fils, il le fit marcher ainsi pendant plusieurs milles :

« Ah ! tu es donc vaincu, enfin ! lui dit-il, en le repoussant plusieurs fois du pied.

— Oui, répondit Geoffroy, vaincu, mais par toi seulement parce que tu es mon père. Pour tout autre je suis invincible ! »

Cette fière réponse désarma le farouche baron. Il embrassa son fils et lui rendit son affection.

---

1. Geoffroy naquit à Loches le 12 avril 1005, d'après la chronique de Saint-Maixent, ou le 14 octobre 1006, selon celle de Saint-Aubin-d'Angers.

Geoffroy conserva tous les vieux capitaines de Foulque, et notamment Lisoie, qui garda près du fils le rang qu'il occupait et la confiance dont il avait joui près du père. La guerre recommença bientôt dans les mêmes conditions. Eude de Champagne avait été remplacé par son fils Thibault III. Après plusieurs années de dévastations de leurs territoires réciproques, les deux ennemis sentirent que la fin de la lutte était prochaine. Le vieux Foulque avait enlacé son puissant ennemi dans un réseau de places fortes, et le menaçait dans toutes les directions. Geoffroy devait recueillir le fruit de cette politique poursuivie patiemment pendant plus de quarante ans. Il vint assiéger Tours, et, pour éviter une surprise, il envoya Lisoie avec 200 chevaliers et 1,500 fantassins garder la route de Blois. Thibault passa le Cher près de Montrichard, où il prit un grand butin, et vint camper à Saint-Quentin près Bléré, avec l'intention sans doute de s'emparer de Loches, et de couper la retraite à son ennemi de ce côté. Geoffroy, sur le conseil de Lisoie, lève immédiatement le siège de Tours, se porte au-devant du comte de Blois qu'il rencontre près de Saint-Martin-le-Beau. Lisoie, venant d'Amboise avec cent enseignes, rejoint Geoffroy, et les deux armées réunies attaquent les Blésois qu'elles mettent en fuite; de nombreux prisonniers tombent au pouvoir des vainqueurs. Dans le nombre se trouvait le comte de Blois lui-même, que Geoffroy fit enfermer au donjon de Loches (1042).

La lutte, cette fois, était terminée, et la conquête de la Touraine, qui avait été le rêve de Foulque et le but de toute sa vie, venait de s'accomplir par la main de son fils.

Geoffroy ne rendit à son prisonnier la liberté qu'en échange des villes de Tours, Chinon et Langeais, et de tout ce qu'il possédait encore en Touraine. Ce traité fut conclu probablement à Loches, en présence de vingt barons ayant châteaux, et quarante chevaliers, qui jurèrent avec le comte Thibault. Outre les places fortes qu'il cédait avec tout ce qu'elles contenaient, le comte de Blois s'interdisait de tenter quoi que ce fût, par lui ou par les siens, contre les places du comte d'Anjou, et il s'engageait à n'élever ou ne laisser élever aucun château à sept lieues des domaines de son vainqueur.

C'est sans doute dans ce moment de triomphe [1] que Geoffroy donna l'église Saint-Ours de Loches à l'abbaye de Beaulieu où son père avait reçu la sépulture. Dans cet acte figure le nom du prévôt Airard, que nous avons vu succéder à Lisoie dans le commandement du château, et celui d'un autre prévôt nommé Urbert. Ce dernier nous paraît appartenir plus particulièrement au chapitre de Loches, auquel Geoffroy, vers la même époque, fit aussi quelques donations (1043 ou 1044); il avait fait mettre dans l'église collégiale sa statue et celle de son père. Ces deux statues furent brisées à la Révolution et jetées dans un puits voisin.

Geoffroy, après avoir guerroyé contre le duc de Normandie et contre le comte de Poitou, mourut à Angers le 14 novembre 1060. Il fut enterré dans l'église Saint-Nicolas, qui avait été commencée par son père et terminée par lui. En lui finit la première maison des comtes d'Anjou. Il ne laissait point d'enfants, et sa succession échut à ses deux neveux, fils de sa sœur Ermengarde, femme de Geoffroy de Châteaulaudon, comte du Gâtinais.

Ces deux neveux étaient Geoffroy, surnommé le Barbu, et Foulque IV le Réchin. A son lit de mort Geoffroy Martel avait désigné le premier comme son successeur, lais-

---

1. « *Dum igitur prosperitas nostris videtur blandire temporibus.* » (Préambule de la donation.)

sant seulement à Foulque des domaines épars, qu'il devait tenir de son frère à charge de lui rendre hommage.

Le Réchin voyait avec envie la part qui avait été faite à son aîné ; à propos d'une querelle de moines la discorde se mit entre eux, et l'on en vint aux mains. Chacun eut ses partisans ; ce fut une lutte de ruse et de trahison. Dans une de ces entreprise déloyales, où le seigneur de Preuilly et plusieurs autres perdirent la vie (1062), Geoffroy se laissa prendre au piège, et Foulque le fit enfermer au château de Loches[1]. Sa captivité dura trente ans, et lorsque les portes de sa prison s'ouvrirent enfin, le jeune homme était devenu un vieillard, et sa raison s'était éteinte.

Foulque s'empara de tous les pays qui composaient l'héritage de son frère, sur lesquels il régna sans partage.

De tels commencements présageaient un triste règne. Vaillant dans sa jeunesse, Foulque, arrivé à l'âge mûr, se livra à tous les excès. Suivant l'expression énergique d'un historien, « il avait dégénéré de la prouesse de ses ancêtres, il avait perdu jusqu'au vrai sens des mots et des choses, » et ne craignait pas de favoriser des bandes de voleurs avec lesquels il partageait le butin.

Il n'y avait plus de justice en Touraine et en Anjou. La misère était à son comble. Le concile d'Auvergne essayait en vain d'y remédier en imposant aux seigneurs les plus turbulents la trêve de Dieu ; Foulque Réchin fut un de ceux qui la jurèrent (1095), mais il ne l'observa guère.

Il tenait sa cour à Loches, vers 1100, lorsque, aux fêtes de Noël, Hugue de Chaumont vint l'y trouver à son retour de la croisade. Il y était sans doute encore en 1109, quand ce même seigneur, allié à son beau-frère Archam-

---

[1]. D'après la grande chronique de Tours, Geoffroy le Barbu fut enfermé au château de Chinon.

bauld de *Bresis*[1], dévasta les territoires de Montrésor et de Montrichard.

Il n'est pas sans intérêt d'entrer dans quelques détails sur ces luttes qui ensanglantèrent les environs de Loches. Leur origine remonte au temps de Foulque Nerra. Roger le Petit-Diable tenait pour le comte d'Anjou le château de Montrésor qui gardait la vallée de l'Indrois, et menaçait les terres des seigneurs de Blois et de Saint-Aignan. A la tête de la garnison de Loches il faisait de fréquentes incursions jusqu'à Chaumont. Son fils Bouchard lui succéda dans la possession de Montrésor, et, comme cela devait arriver, après avoir combattu pour son suzerain, il ne tarda pas à guerroyer pour son propre compte. Bouchard avait épousé une des filles de Lisoie Ier, nommée Euphémie; une autre fille était mariée à Foulquier de Torrigny (*Torrigneio*). Lisoie avait en outre deux fils, Sulpice Ier et Lisoie II. Ses domaines s'étaient donc partagés entre ses quatre héritiers. Sulpice avait une partie d'Amboise, Foulquier de Torrigny possédait l'autre. Des sentiments de jalousie ne tardèrent pas à éclater entre les deux beaux-frères. Foulquier, par des excitations cachées, réussit à entraîner Bouchard dans ses intérêts. Mais de leur côté Sulpice et Lisoie firent cause commune, et la guerre éclata.

Foulque Réchin paraît avoir oublié les services autrefois rendus à son grand-oncle par Lisoie Ier. Il prit le parti de Bouchard, se jeta sur Amboise, s'empara de Sulpice et l'enferma au château d'Angers.

Lisoie II, quoique privé des secours de son frère, sup-

---

1. Encore un mot que nous n'avons pas voulu traduire. Ce nom a signifié, au gré de chaque auteur, Bray, le Bridoré, Reignac, Brizay, etc. Ce n'est point ici le lieu de discuter les raisons qui nous porteraient à y voir Reignac ou une localité voisine. Nous conserverons le nom latin.

porta seul le poids de la lutte avec avantage. Les deux adversaires ravageaient alternativement le pays, sans que Bouchard pût venir à bout de son ennemi ; enfin Foulque fit la paix avec Sulpice, et lui rendit ses domaines sauf la citadelle d'Amboise. La lutte continua avec acharnement entre Lisoie, Foulquier et Bouchard. Mais celui-ci, fatigué et accablé par la maladie, se fit moine et s'expatria, laissant ses domaines à son fils Albéric.

Albéric conclut la paix avec ses deux oncles. Sulpice mourut quelques années après laissant un fils, Hugues de Chaumont; Lisoie se fit moine à Pontlevoy.

Cette paix fut de courte durée. Archambault de *Bresis*, que le comte Foulque avait dépouillé de son château, sollicita contre lui l'appui de Hugue de Chaumont ; Albéric, par la position du château de Montrésor, et peut-être aussi par les obligations du lien féodal, fut fatalement ramené dans la lutte, qui se poursuivit avec des fortunes diverses (1109). Foulque rendit à Archambault ses possessions qui avaient été toutes incendiées à l'exception de sa maison de la Motte. Mais Archambault voulait en outre se venger des seigneurs de Sainte-Maure et de la Haye, qui avaient pris parti contre lui ; il se joignit à Hugue de Chaumont et se préparait à marcher sur la Haye, quand Albéric, informé de leurs desseins, fit sa jonction avec le capitaine de Loches qui lui amena toutes ses troupes. L'armée de Hugue sortait de la plaine de Sublaines, traînant avec elle un butin considérable et de nombreux prisonniers, hommes et femmes ramassés le long de la route, lorsque Albéric se présenta pour lui barrer le passage. Hugue se débarrassa de son butin, rendit la liberté aux prisonniers, harangua ses soldats. Après une attaque assez vive, l'armée d'Albéric se débande et s'enfuit de tous côtés, laissant aux mains du vainqueur cent quinze prisonniers, parmi lesquels on comptait quinze chevaliers bannerets.

En 1118, c'est entre les deux alliés, Archambault et Hugue, que la guerre éclate à propos des rivalités de Gualterius et de Gislebert au siège pontifical de Tours. Archambault soutenait les droits de Gislebert, dont il avait épousé la sœur après la mort de sa première femme, sœur de Hugues. Il dévasta tout le pays jusqu'au Cher, excepté Bléré, mais un jour ayant envahi les terres de son ennemi après avoir traversé le Cher pendant la nuit, celui-ci le surprit à l'improviste, et après lui avoir fait de nombreux prisonniers il le rejeta jusqu'à l'Indrois. Archambault chercha un refuge au château de Loches.

Hugue de Chaumont mourut en Palestine, où il avait suivi Foulque V, élu roi de Jérusalem. Il laissa deux fils, Sulpice Ier et Hugue II, qui se disputèrent son héritage (1133). Geoffroy le Bel ayant pris parti pour Hugue, la Touraine fut encore dévastée par la guerre. Sulpice II brûla les possessions de Geoffroy, depuis Genillé jusqu'à Loches, mais il fut enfin forcé de se soumettre.

Mais il est temps de laisser de côté ces tristes épisodes, et de rechercher comment le château de Loches vint aux mains des rois d'Angleterre.

Geoffroy le Barbu était toujours prisonnier de son frère. Sa captivité était pour le Réchin d'une telle importance qu'il résista à toutes les prières et à toutes les menaces. Geoffroy avait encore des partisans : Ernault de Meung, seigneur du *Domicilium* d'Amboise, Hélie, comte du Mans, et plusieurs autres s'efforçaient de le délivrer avec l'aide d'Étienne de Blois, et du roi Philippe Ier. Pour rompre cette coalition, Foulque fait hommage à Étienne, engage son comté au roi de France, et lui cède Château-Landon, à condition qu'il ne le forcerait pas à mettre son frère en liberté.

Cette place ne fut pas le seul gage que le comte d'Anjou laissa au roi, comme nous allons le voir. Foulque avait été marié trois fois : d'abord à la fille de Lancelin de Beaugency, puis à Ermengarde de Bourbon, de laquelle il avait eu un fils nommé Geoffroy-Martel. Ayant découvert entre elle et lui quelque lien de parenté, il la renvoya avec son jeune fils pour épouser Bertrade, sœur d'Amaury de Montfort, « dans laquelle homme de bien ne trouva jamais rien digne de louange, à l'exception de sa beauté ». Philippe étant venu à Tours, fut séduit par les charmes de la comtesse, et mit à ses pieds son amour et la couronne de France. Bertrade était peu scrupuleuse ; Philippe était roi, de dix ans plus jeune que le Réchin, dont le portrait n'est pas séduisant ; elle n'hésita pas longtemps ; aux fêtes de la Pentecôte 1097, elle suivit le roi à Orléans, et l'épousa quelques jours après à Paris.

Cette union adultérine dura dix ans, et quatre enfants en naquirent. Philippe dut céder enfin devant l'excommunication et la mise en interdit de son royaume : il rendit au comte d'Anjou sa femme (1105); peut-être même poussa-t-il les égards jusqu'à la reconduire ; si nous en croyons Orderic Vital, Bertrade eut l'adresse de réunir à la même table, dans son château d'Angers, ses deux maris, qu'elle servait elle-même ! (14 octobre 1106.)

Le Rechin, vieilli avant l'âge, abruti par la boisson, ne se sentit bientôt plus la main assez forte pour gouverner ses domaines ; il remit le pouvoir à son fils Geoffroy, qu'il avait eu de son mariage avec Ermengarde de Bourbon. Le premier acte du jeune prince fut de rendre la liberté à son vieil oncle. Celui-ci, dans un éclair de raison, lui transmit ses droits au comté d'Anjou : « Je vois, dit-il, que tu n'as pas dégénéré de la valeur de tes ancêtres ; je te donne donc ma terre, que ton père m'a enlevée injustement autrefois, et je veux que tu la possèdes désormais. » Affaibli par sa longue prison, il mourut à quelque temps de là.

Geoffroy ne tarda pas à le suivre dans la tombe. La comtesse Bertrade lui avait juré une haine implacable ; à force d'intrigues, elle réussit à le faire tuer au siège du château de Candé. Foulque est accusé par les historiens d'avoir prêté les mains à ce crime, en haine des nobles qualités du jeune prince et de l'amour que lui portaient les peuples d'Anjou tandis que, lui-même ne rencontrait autour de lui que la désaffection et le mépris (1107).

Le Rechin mourut lui-même peu de temps après (14 avril 1109). « *Male incepit, pejus vixit, pessime vitam finivit,* » telle est l'oraison funèbre que cette vie criminelle inspire à l'auteur des *Gestes des Seigneurs d'Amboise.*

Foulque V, fils de Bertrade, fut appelé à recueillir la succession du Rechin à défaut de Geoffroy. Nous ne connaissons pendant son règne rien qui puisse intéresser l'histoire du château de Loches, si ce n'est une guerre avec son voisin le seigneur de Preuilly. Il épousa, en 1110, la fille de Hélie, comte du Mans, et s'assura ainsi la possession de nouveaux domaines qui avaient été disputés à son père par Guillaume le Bâtard. A partir de ce moment toute l'ambition des princes angevins paraît s'être tournée du côté de la Normandie.

III

LES PLANTAGENETS ET LES ROIS DE FRANCE. — LE CHATEAU SOUS LA DOMINATION ANGLAISE. — SAINT LOUIS ET DREUX DE MELLO (1110-1249).

A puissance des comtes d'Anjou allait en grandissant depuis trois siècles. Nous avons vu au prix de quels labeurs ils étaient devenus maîtres de la Touraine. Rassurés du côté du Blésois par une barrière de places fortes, ils avaient encore pour ennemis leurs autres voisins de la Bretagne, du Poitou. Leurs premiers adversaires, les Normands, inquiétaient encore leurs frontières. Après trois cents ans, le théâtre de la lutte s'est déplacé ; mais les intérêts engagés sont encore les mêmes. Il était réservé à cette vaillante race d'Ingelger de vaincre tous ses ennemis, et de se substituer à eux jusque dans les territoires conquis.

Mais ce ne fut pas seulement par la force des armes que les comtes d'Anjou atteignirent leur but ; des alliances adroitement négociées, des héritages heureux, des mariages où l'ambition ne tenait souvent aucun compte des disproportions d'âge, vinrent en aide à leur valeur. Par son mariage avec la fille de Hélie, comte du Mans, Foulque V s'était assuré la possession du comté du Maine. Encore quelques années, et la Normandie, l'Angleterre, le Poitou, l'Aquitaine et la Bretagne seront successivement les fruits de cette politique habile patiemment suivie.

Guillaume le Conquérant avait laissé trois fils, Robert, Guillaume et Henry; et trois filles dont l'une se fit religieuse, la seconde fut mariée à Fergent, duc de Bretagne, et la troisième à Étienne, comte de Blois. Robert, l'aîné des fils, eut en partage la Normandie; Guillaume, l'Angleterre; Henry, une somme de 5,000 livres seulement. Une telle inégalité devait exciter la jalousie et faire naître des querelles entre les trois frères. Le 1er août 1100, Guillaume était frappé d'une flèche dans une partie de chasse. Henry, profitant de l'indolence de Robert, se hâtait de passer en Angleterre et de se faire couronner roi. Non content de ce peu loyal succès, il enlevait, cinq ans après, la Normandie à son frère, et le faisait enfermer au château de Cardiff (1106).

Le comte d'Anjou ne paraît pas avoir pris part à ces événements; mais, vers la même époque, il disputait au roi d'Angleterre la suzeraineté du comté du Mans. Après divers combats dont l'effet fut, comme toujours, la ruine du pays, Foulque prit possession du comté comme vassal du monarque anglais.

Les projets du comte d'Anjou, conduits avec tant de prudence, ne se réalisèrent pas immédiatement. Henry Ier avait une fille mariée à l'empereur d'Allemagne, et un fils nommé Guillaume, auquel il venait de céder le gouvernement de la Normandie. Après les fêtes qui suivirent la prise de possession de cette province, et les cérémonies de l'hommage que le nouveau duc devait au roi de France, Guillaume s'en retournait en son pays, lorsque le vaisseau sur lequel il se trouvait, nommé la *Blanche-Nef*, mal dirigé par l'équipage aviné, se brisa sur un écueil. Le jeune prince fut noyé, et avec lui Richard, fils naturel du roi, la comtesse du Perche, la sœur de Thibault, comte de Blois, et un grand nombre de seigneurs dont on ne put retrouver même les cadavres (25 novembre 1120).

La couronne d'Angleterre et le duché de Normandie restaient donc sans héritier mâle légitime ; mais Robert, le duc dépossédé, avait laissé un fils, connu dans l'histoire sous le nom de Guillaume Cliton, qui avait trouvé un refuge à la cour du roi de France, et auquel Foulque V avait fiancé sa fille Sybille, en lui cédant le comté du Mans.

Restait cependant Mathilde, qui, veuve en premières noces de l'empereur Henry V, était, après la mort de ce dernier, retournée en Angleterre. Son père l'avait désignée pour son héritière, et fait sacrer de son vivant, et son mari devait être associé à la couronne. Ce mari, ce fut Geoffroy le Bel ou Plantagenet, alors âgé de seize ans. Foulque qui venait de monter sur le trône de Jérusalem, ne pouvant gouverner des domaines aussi éloignés de son nouveau royaume, remit entre les mains de son fils le comté d'Anjou, et lui laissa aussi ses prétentions héréditaires sur la Normandie.

Le moine Jean de Marmoutier nous a laissé sur Geoffroy le Bel, sous le titre d'Histoire, une série d'anecdotes d'un caractère qui semble emprunter à la légende sa loyale simplicité. Sans y attacher plus d'importance qu'elles n'en méritent, nous en choisirons deux dans le nombre, parce que, d'après l'auteur, les faits se sont passés au château de Loches. Elles nous reposeront un instant des récits plus graves de l'histoire :

Le comte Geoffroy se livrait un jour au plaisir de la chasse dans la forêt. Emporté par son ardeur à la poursuite du gibier, il se trouva inopinément dans un endroit qui lui était inconnu, loin des chiens et des chasseurs. Il erra toute la journée sans pouvoir retrouver son chemin. Enfin le soleil était près de son déclin, lorsqu'il avisa un charbonnier :

« Dis-moi, bonhomme, — lui dit le comte, — connais-tu un chemin pour aller au château de Loches ?

— Seigneur, dit le paysan, si je ne le connaissais pas je n'irais pas si souvent y vendre mon charbon.

— Eh bien, conduis-moi donc par tes sentiers jusqu'au chemin public.

— Vous êtes bien à votre aise sur votre cheval, seigneur, et votre esprit n'est point inquiet de ce que vous mangerez, et de ce que vous vous mettrez sur le corps. Moi, si j'interromps mon travail, je mourrai de faim avec ma pauvre famille.

— Ne t'inquiète pas, bonhomme ; viens, je te prie ; je te paierai le temps que je te ferai perdre. »

Et le bon seigneur l'enleva et le mit en croupe sur son cheval.

En chemin, l'on causa :

« Et que dit-on de notre comte, mon brave ?

— En ce qui le concerne, nous n'en disons et n'en pensons que du bien. Il est ami de la justice, gardien de la paix, vainqueur de ses ennemis, bienveillant aux opprimés. Mais, malheur à nous ! à son insu nous avons bien des ennemis, d'autant plus terribles qu'ils sont plus cachés, ennemis domestiques, auxquels nous ne pouvons ni résister ni échapper.

— Et quels sont ces ennemis ? Le comte ne pourrait-il empêcher leur conduite coupable ?

— Oui, sans doute, il le pourrait, puisque tout cela se fait sous couleur de son service ; ce sont les préposés de sa cour, et les autres ministres. Quand il vient dans ses châteaux, ses officiers prennent tout, et sans demander et sans payer. Ceux qui sont ainsi dépouillés se taisent par crainte. Le comte s'éloigne-t-il, ils réclament alors ; mais hélas ! on nie, ou bien on les fait attendre si longtemps qu'ils sont heureux de recevoir la moitié de leur dû.

— Eh ! dit le comte faisant semblant de sourire, voilà des gens habiles, qui volent les revenus de leur maître, et le font vivre de rapines sans qu'il s'en doute ! »

Et il ajoutait tout bas :

« La paix ! la paix ! Il n'y a pas de paix tant que la terre est dévastée par l'ennemi du dedans. »

« Vous ne savez pas tout encore, seigneur ; ajouta le charbonnier.

— Continue, mon ami, dis-moi tout, je t'écoute ; je suis ami du comte, et assez familier avec lui pour avoir plus d'une fois l'occasion de lui dire ce que je voudrai.

— C'est peut-être la volonté de Dieu, seigneur, que le comte apprenne par vous ce que nous ne pouvons lui faire savoir. Écoutez donc, et ne vous fâchez pas de ce que je vais dire. Après la moisson, les prévôts du comte s'en vont dans la campagne, et, en vertu d'une loi nouvelle, ou plutôt d'une violence, ils édictent un impôt sur le blé, un septier, deux septiers, quelquefois plus... Si quelqu'un — ce qui est rare — se refuse à cette exaction, on le traduit en justice ; on lui impute des crimes imaginaires; il ne peut échapper aux mains avares des juges. Enfin, lorsque sa bourse est vide, il se repent — trop tard — de sa résistance à ces lois iniques. »

Le comte se taisait, mais pensait en lui-même :

« Malheur à qui fait des lois injustes ! Le droit de punir m'appartient, et je le ferai bientôt sentir. »

« On ne comprend pas, continua le paysan, comment notre seigneur le comte ignore des choses qui se font au su de tout le monde. Mais les maîtres de la maison sont les derniers à savoir le mal qui s'y passe. Je crains, seigneur, de vous ennuyer avec mon bavardage et mes histoires de paysan. Encore un mot, et j'ai fini. Lorsque, comme souvent, il arrive ici quelque bruit de guerre, vrai ou inventé par eux, ils viennent à grand fracas, envoient des agents pour augmenter l'alarme, et font publier par le crieur que tout habitant des campagnes ait à se retirer dans les châteaux pour y faire la garde. Alors, ils envoient des gens qui sous main voient l'un, voient l'autre, et sous forme de bon conseil, tout en les plaignant, les engagent à racheter par des présents l'obligation du service. Celui qui le fait obtient la permission de retourner chez lui ; sinon, accablés de dépenses, criblés de dettes, les malheureux sont forcés de rester au château... »

Ils arrivèrent à la porte de la ville.

La cour du comte était plongée dans l'inquiétude. Les chevaliers couraient de tous côtés, demandant des nouvelles qui ne venaient point, les yeux fixés sur la route par laquelle il rentrait ordinairement de la forêt. A son arrivée les cris de joie éclatèrent et les torches s'allumèrent dans la nuit. Le paysan reconnut alors son compagnon, et voulut sauter à terre, mais le comte le retint : « Non, dit-il ; je ne veux pas jeter à terre l'homme auquel je dois d'être revenu parmi les miens. » Bon gré mal gré, le bonhomme fit son entrée au château sur le cheval du comte, au milieu de la foule empressée.

On se met à table. Le charbonnier, couvert de riches habits, se voit servir les mets les plus délicats, il boit dans une coupe d'or, il est le héros et le sujet de toutes les conversations. Enfin on lui prépare un lit, meilleur sans doute « et plus propre » que celui qu'il avait dans la forêt.

Le lendemain le comte, revenant de la messe, demanda

son guide, et le faisant asseoir au milieu de ses preux : « Il n'est pas juste que celui qui a laissé son travail pour me reconduire au milieu de vous ne reçoive pas sa récompense. Voyez donc, dit-il en s'adressant au prévôt, s'il reste encore quelque chose dans mon trésor.

— Seigneur, répondit le prévôt, j'ai encore mille sous.

— Allez, et donnez-en cinq cents à ce brave homme. Quant à toi, mon ami, je t'exempte désormais de tout impôt et de toute servitude. De ce jour toi et les tiens vous êtes affranchis, ou plutôt vous êtes libres. Retourne chez toi et vis heureux maintenant. »

Le comte n'avait pas oublié ce que lui avait dit le charbonnier. Il fit crier partout que tous ceux auxquels il était dû quelque chose en son nom eussent à comparaître devant lui. Les créanciers arrivèrent en foule. Leur nombre produisit sur l'esprit du comte une impression profonde. « Ah ! dit-il à ses officiers tremblants, les bons gardiens de ma terre que j'avais là ! Malheur à moi, que vous avez nourri du sang des pauvres ! Vous saviez que tous mes efforts tendaient à maintenir la paix, et je vous avais confié mon héritage pour le gérer dans la paix, et voilà qu'au lieu de la paix vous avez semé la crainte, au lieu des lois vous avez fait régner l'injustice ! Et moi, vous m'avez rendu odieux aux pauvres de mon peuple ! Si vous voulez échapper à la mort que vous méritez, allez et rendez à ces gens, sans qu'il y manque rien, ce que vous leur devez pour mes dépenses. Après cela vous reviendrez ici pour entendre votre jugement. »

Lorsque toutes les restitutions furent faites, les serviteurs revinrent se jeter aux pieds du comte, en confessant leur crime et implorant sa clémence. Pour achever le châtiment il leur fit rendre tout ce qu'ils avaient touché de ses revenus, et le distribua aux pauvres. Et il ordonna que dorénavant, partout où il se trouverait, ses dépenses seraient payées sur ses revenus avant son départ ; que si ses revenus ne suffisaient pas, on emprunterait même à gros intérêts, et que celui qui serait assez hardi pour transgresser ses ordres paierait sa désobéissance de sa vie.

Voici l'autre anecdote :

Le comte entendait la messe à la collégiale au milieu des chanoines dont il était le chef, car il avait le titre d'abbé ou de prieur. Au milieu de la cérémonie un pauvre clerc chanta le trait qu'on appelle *Des Nécessités*, et, pensant aux siennes, il se mit à pleurer, et ce fut d'une voix interrompue par les larmes et les sanglots qu'il parvint à grand'-peine à finir la prière commencée. — Après la messe le comte le fit venir, et l'interrogeant avec bonté, il apprit la cause des larmes de ce pauvre clerc ; pour le consoler il le nomma prêtre à Saint-Ours, et lui donna trois prébendes, une à Saint-Martin de Tours, une à Saint-Maurice d'Angers, la troisième à l'église Saint-Laud, dont il le nomma doyen.

Nous ne nous arrêterons pas à discuter la véracité historique de ces deux faits. Leur caractère intime et gracieux nous a seul engagé à les citer. Nous trouvons cependant, surtout dans le premier, une peinture vivante des mœurs de l'époque et de la condition des habitants des campagnes en ces temps malheureux. Si le moine chroniqueur ne s'est pas laissé emporter par un esprit d'adulation coupable, on serait heureux de trouver chez le descendant des farouches seigneurs de Loches cet esprit de justice et de bonté, cet amour du petit peuple. Nous y voyons aussi comment les choses se passaient en temps de guerre ; car en l'absence du comte, qui ne résidait pas toujours dans son château, les rivalités des seigneurs voisins, et les déprédations des bandes armées que l'on appelait des voleurs, continuaient à désoler le pays aux environs de Loches. Nous avons vu dans le chapitre précédent les tristes effets de l'expédition entreprise par Hugue de Chaumont et Archambault de *Bresis* contre les seigneurs de Sainte-Maure.

Il devait en être ainsi pendant plusieurs siècles.

Nous avons dit que Mathilde avait été couronnée reine d'Angleterre du vivant de son père. L'ambitieuse princesse qui depuis la mort de son premier mari avait toujours conservé son titre d'impératrice, *Empress*, devait au décès de Henry Ier s'asseoir sur le trône, et y faire monter avec elle le comte d'Anjou ; et celui-ci n'était pas homme à laisser usurper les droits de sa femme.

Mais quand le moment fut venu, on vit tout à coup surgir un autre prétendant, Étienne, comte de Boulogne, de cette race détestée des comtes de Blois. Fils d'Étienne comte de Blois et de Chartres et d'une fille de Guillaume le Conquérant, il était par conséquent le neveu d'Henry Ier. Instruit par ce qui s'était passé à la mort des deux derniers rois, il profita de l'éloignement de Mathilde pour se rendre aussitôt en Angleterre, et pour se faire couronner au mépris des droits de l'*Empress*. Mathilde et Geoffroy, indignés de cette conduite déloyale, prennent les armes. Pendant que le comte d'Anjou attaquait la Normandie et réussissait à s'en emparer après une lutte acharnée, sa femme obtenait un succès égal en Angleterre ; Étienne, battu à plusieurs reprises, fut un moment son prisonnier ; mais le caractère orgueilleux et vindicatif de la princesse ne tarda pas à éloigner d'elle les principaux de ceux qui avaient consenti à reconnaître son autorité. Vaincue et captive à son tour, elle fut assez heureuse pour échapper à ses ennemis et sortir de l'Angleterre. Pendant ce temps-là Geoffroy, qui n'avait cessé de guerroyer en Normandie, transmit sa conquête encore inachevée à son fils Henry (1135).

Les deux familles ennemies d'Anjou et de Blois devaient encore se rencontrer sur un terrain bien différent de celui de la guerre. Aliénor, duchesse d'Aquitaine, répudiée par le roi Louis VII, passait à Blois pour rentrer dans son duché (1152), lorsque Thibault V, séduit par sa beauté, et sans doute aussi par son opulent héritage, essaya de la retenir à sa cour, et même, dit le chroniqueur, de l'épouser de force. Elle s'enfuit, traversa à la hâte les terres du comte d'Anjou. Le second fils de ce prince, Geoffroy ayant eu vent de la nouvelle, se lance à la poursuite de la duchesse et va l'attendre au Port-de-Piles. Mais Aliénor, « protégée par son bon ange, » prend un autre chemin et arrive enfin en Aquitaine. L'enlèvement manqué, les relations diplomatiques se renouent et se terminent par le mariage non de Geoffroy, mais d'Henry son frère aîné, et de la belle Aliénor, six semaines après le divorce de celle-ci avec le roi de France. Henry avait alors dix-huit ans. Aliénor en avait trente-trois.

Ce mariage romanesque procurait au jeune prince des avantages très positifs. Il y trouvait une nouvelle puissance pour revendiquer les droits de sa mère sur l'Angleterre. Le vieux roi Étienne fatigué de la lutte, accablé par le chagrin que lui causait la mort récente de son fils Eustache (1153), finit par adopter Henry, et le fit couronner de son vivant; de son côté le nouveau roi s'engageait à laisser à Guillaume, second fils d'Étienne, le comté de Mortain et d'immenses possessions en Angleterre. Étienne mourut lui-même peu de temps après (25 octobre 1154).

Geoffroy Plantagenet, en mourant, avait stipulé que l'Anjou serait remis à son second fils Geoffroy, dans le cas où Henry monterait sur le trône d'Angleterre. Mais cette condition ne fut point observée; Henry n'hésita pas à dépouiller son frère de la part qui lui était assignée dans l'héritage paternel, et après lui avoir enlevé les places de Loudun, Mirebeau et Chinon, il le força à lui céder le comté d'Anjou moyennant une pension de 1,000 livres sterling et de 2,000 livres de monnaie angevine. Puis, comme dédommagement, il parvint à le faire élire comte de Nantes par les Bretons révoltés. Malheureusement Geoffroy mourut deux ans après. Henry eut un instant la pensée de revendiquer cette nouvelle conquête en qualité d'héritier de son frère ; mais il recula devant une guerre avec son allié Conan IV duc de Bretagne ; il préféra recourir au moyen plus pacifique des mariages qui avait si bien réussi à ses prédécesseurs. Après avoir fait hommage au roi de France pour son comté d'Anjou et pour la charge de grand-sénéchal, héréditaire dans sa famille, il fiança ses deux fils avec deux filles du roi, et son dernier-né, âgé d'un mois, avec Constance, fille unique du duc de Bretagne, qui avait alors cinq ans (1559). Ce singulier mariage se réalisa sept ans après (1166), et la possession de la Bretagne fut assurée à l'Angleterre.

La race d'Anjou est désormais arrivée à l'apogée de sa puissance. Roi d'Angleterre et duc de Normandie du chef de sa mère, maître de l'Anjou, du Maine, de la Touraine, de la Saintonge, de l'Aquitaine, d'une partie du Berry et de l'Auvergne, et de plusieurs places isolées, tant du chef de son père que par son mariage, Henry II, à son avènement, possède sur le territoire français plus de provinces que le roi de France lui-même. Peut-être même son ambition va-t-elle jusqu'à voir dans une perspective brillante et prochaine la réunion des deux sceptres d'Angleterre et de France dans les mains de l'un de ses enfants.

Cette situation si extraordinairement anormale devait éveiller de bonne heure les légitimes inquiétudes du roi de France, et donner naissance à cette politique patiente, habile, souvent astucieuse et déloyale, destinée à rabaisser l'orgueilleux vassal qui marchait de pair avec son suzerain. Pour vaincre un ennemi peut-être supérieur en force, les armes seules ne suffisaient pas, il fallait y joindre la ruse, et diviser pour régner.

Henry II avait cru prudent de faire pendant sa vie le partage de ses États entre ses fils. L'aîné Henry avait été couronné roi d'Angleterre ; Richard avait l'Aquitaine, Geoffroy la Bretagne, et Jean, le comté de Morton et la perspective du gouvernement de l'Irlande.

Le roi de France, beau-père de deux des jeunes princes, sut profiter habilement du mécontentement produit par ce partage, qui avait valu à Jean le surnom de Sans-Terre. Il exploita l'esprit d'ingratitude et de rivalité entre frères qui était chez les héritiers des Plantagenets comme une tradition de famille. Dès 1172, Henry appuyé par son beau-père réclamait l'investiture de la Normandie et refusait de suivre son père en Angleterre. Il se réfugiait à la cour de Louis VII avec ses deux frères Geoffroy et Richard. Le roi de France favorisa par tous les moyens cette révolte. Henry rassembla une armée de ces bandits qui dévastaient le pays depuis un temps immémorial, et qui, sous le nom de Cotereaux ou Brabançons, s'acquirent un si triste renom. Ces aventuriers, avides avant tout de pillage et de butin, formèrent les troupes du roi d'Angleterre. En 1173 le château de Loches fut brûlé [1].

Quelques années s'écoulèrent dans la paix, si l'on peut appeler ainsi des trêves successives pendant lesquelles le pays, parcouru par les Brabançons, subissait encore tous les

---

1. Nous n'avons aucun détail sur cet événement dont nous trouvons l'indication dans le *Voyage de Dubuisson*, mss. de la Bibliothèque Mazarine, n° 2694.

maux de la guerre. Henry II, soit remords, soit calcul, venait de faire une pénitence publique en expiation du meurtre déjà ancien de Thomas Becket, archevêque de Cantorbery; de tous côtés il fondait dans cette intention des couvents largement dotés. La chartreuse du Liget, située au milieu de la forêt de Loches, n'a pas d'autre origine (1178).

Ces marques tardives de piété et de repentir étaient-elles un moyen d'attirer à lui le clergé, ou le signe du découragement et du chagrin profond que lui causaient la révolte et l'ingratitude de ses fils? Henry et Geoffroy étaient morts, mais Richard était toujours à la cour de France, et sous prétexte que son père ne voulait point lui rendre sa femme, princesse française que le vieux roi gardait en Angleterre, il attaquait l'Anjou et la Touraine. En 1189 Richard et Philippe-Auguste en personne venaient investir le château de Loches, et s'en emparaient après une semaine de siège.

Henry vaincu et découragé dut faire sa soumission au roi de France, et renoncer à toute souveraineté sur le Berry, le Maine et la Touraine. Il était à Chinon quand on lui donna lecture du traité qui consacrait sa défaite. Lorsqu'on en vint aux articles qui stipulaient l'amnistie pour tous ceux qui avaient pris le parti de Richard, et qu'il entendit prononcer le nom de Jean, son plus jeune fils et son préféré, qu'il avait toujours cru fidèle: « Est-ce bien vrai, dit-il, que Jean, mon cœur, mon fils de prédilection, celui que j'aimais par-dessus les autres, et pour lequel je me suis attiré tous mes malheurs, s'est séparé de moi? Eh bien, que tout aille maintenant comme il pourra; je n'ai plus souci de moi ni du monde ! »

Quelques jours après il tomba malade au château de Chinon; son cœur ulcéré ne pouvait pardonner à ses enfants: — « Veuille Dieu, disait-il, en pensant à Richard, que je ne meure pas avant de m'être vengé de toi. » Il expira le

6 juillet 1189. Un de ses fils naturels, Geoffroy, évêque de Lincoln et chancelier d'Angleterre, était seul auprès de lui. Il avait à peine rendu le dernier soupir que ses serviteurs se jetèrent sur sa garde-robe et ses bijoux, et firent main basse sur tout ce qu'ils purent dérober ; on eut peine à trouver un linceul pour l'ensevelir, et un mauvais chariot pour le transporter à Fontevrault, lieu de l'inhumation. Richard s'empara des clefs du trésor, qui renfermait des sommes considérables et les insignes royaux. Pour la cérémonie on fut obligé d'orner le cadavre d'un sceptre en bois doré, d'un anneau de cuivre, et d'une couronne faite avec une broderie d'or prise sur un vêtement de femme.

Richard se fit couronner roi d'Angleterre le 3 septembre 1189. Quelque temps après il partait pour la Terre Sainte avec Philippe-Auguste. Mais après un assez court séjour, ce dernier revint en France et pendant que Richard était à son retour retenu prisonnier en Allemagne par l'empereur Henry VI, Philippe-Auguste essayait de s'emparer de la Normandie et traitait avec Jean-Sans-Terre qui voulait s'emparer des états de son frère. Loches fit retour au monarque français soit en échange des sommes dont Richard avait besoin pour sa rançon, soit, comme le dit Chalmel, en vertu d'un traité passé entre lui et Jean, au mois de janvier 1193, par lequel celui-ci s'obligeait à entretenir à ses frais dans le château onze chevaliers et cent-quarante écuyers.

Malgré d'innombrables difficultés et les intrigues de Philippe, Richard finit par s'échapper. Le roi de France écrivit alors à Jean, son allié du moment : « Prenez garde à vous, comte ; le diable a brisé sa chaîne. »

Richard en effet ne pensait qu'à la vengeance. Après avoir fait avec son frère une paix peu sincère, il tourna ses armes contre Philippe. En 1194 il vint assiéger

LE DONJON (Côté du Midi)

Loches. La citadelle commandée par Gui de Van Guinosse ou de Laval fut prise d'assaut dans l'espace de trois heures (13 juin) : « *Quod incredibile videtur quoniam Lochas munitissimum et fortissimum est natura et artificio.* » *(Breve chron. Andegav.)* Quatre-vingts écuyers et soixante-quatre chevaliers furent pris, au nombre desquels était Gui de Laval.

Quelques années après, Richard, blessé au siège de Chalus (26 mars 1199), mourait des suites de ses blessures (6 avril) après dix ans de règne, dont il avait passé quatre mois en Angleterre.

Loches fit partie du douaire que Richard avait constitué à la reine Bérangère sa femme : « *Castrum de Lochiis cum omnibus appenditiis suis, castrum de Montebasonis cum omnibus appenditiis suis.* » (D. Housseau, n° 2067.) Mais il est à présumer, d'après une charte de Bérangère du mois de janvier 1203, que Philippe-Auguste conserva la suzeraineté de cette place, en laissant jouir la reine douairière du domaine utile : « *Notum esse volumus nos creantasse carissimo domno nostro, Philippo illustri Francorum regi, quod nullo tempore eum trahemus in causam de Lochiis, nisi ipse Lochias tenuerit in dominio.* » (Dufour.)

Geoffroy, frère de Henry, époux de Constance de Bretagne, était mort en 1186 laissant un fils, Arthur. A la mort de son oncle, Arthur voulut s'emparer de toutes les possessions françaises, la Bretagne, l'Anjou et le Maine. C'est à la cour du roi de France qu'il va chercher un appui, comme l'avait fait Richard contre Henry. Philippe, suivant toujours la même politique, favorise Arthur contre son oncle. Mais cette protection, toute de circonstance et d'intérêt, avait souvent des variations et de singulières alternatives. Enfin, la guerre prend une tournure décisive. Jean qui avait réussi à détacher Philippe du parti d'Arthur ne tient point ses promesses. D'un autre côté, oubliant tout ce que cette folie peut avoir de conséquences désastreuses, il enlève la femme de Hugue le Brun, comte de la Marche. Il n'en fallut pas davantage pour détacher de lui tous les seigneurs aquitains, qui se regardèrent comme déliés par cette trahison de leur serment de fidélité, et portèrent leur hommage au roi de France. Forts de cette défection, Philippe et Arthur envahirent successivement le Poitou, l'Aquitaine, l'Anjou et la Touraine. Malheureusement Arthur se laissa prendre par son oncle au siège de Mirabeau. On connaît la fin tragique de ce malheureux prince.

Philippe, dans tous ces événements, ne perdait point de vue les graves intérêts de sa couronne. Il voit immédiatement quel parti il peut tirer de l'assassinat d'Arthur. Jean, cité devant la Cour des pairs, refuse de comparaître. Il est alors déclaré déchu de ses fiefs, et c'est le roi de France qui est chargé d'exécuter la sentence (1203). Philippe entre aussitôt en campagne. La Normandie, l'Anjou, le Maine, une partie du Poitou se soumirent à ses armes. En 1204 il investit Loches, et revint en personne au printemps suivant presser le siège. Le capitaine Girard d'Athée fut forcé de se rendre avec 120 chevaliers et écuyers. Le siège avait duré un an.

Chinon fut pris la même année ; c'était le dernier rempart du roi d'Angleterre en Touraine.

Les fréquents séjours de Jean Sans-Terre à Loches et à Chinon pendant cette période indiquent la préoccupation dont ces places étaient l'objet de sa part. Il était à Loches le 1er juillet 1200, et le 26 janvier 1202, et y resta quatre jours. Chinon paraît attirer surtout ses visites ; la ville avait sans doute plus besoin de sa présence. A Loches il avait laissé Girard d'Athée et Robert de Turneham qui, pendant cet intervalle, mirent la place en bon état de défense.

Robert de Turneham avait, en 1201, le titre de sénéchal de Loches, pendant que Guillaume d'Azay en était le prévôt. Il est probable cependant que le commandement de la province entière était confié à Robert dès 1199, et que Girard d'Athée était son lieutenant. Le titre de sénéchal de Poitou ayant été donné à Robert, Girard lui succéda dans le gouvernement de Touraine. La présence de ces hauts dignitaires à Loches et à Chinon indique de quelle importance était la défense des deux seules places que le roi d'Angleterre eût conservées dans la province.

Girard s'honora par sa vaillante résistance. Guillaume le Breton, dans sa *Philippide*, le représente comme sorti d'une famille d'esclaves, esclave lui-même. Il l'accuse en outre d'avoir ravagé Tours, Amboise, et le pays même qui l'avait nourri :

> *Hic patriæ toti præerat ferus iste Girardus,*
> *Servus, et a servis oriundus utroque parente,*
> *Cui satis obscurus ortum dedit Athea pagus.*
> *Is Turonum totum vastaverat Ambasiumque,*
> *Et patriam totam cum vicis omnibus, in qua*
> *Editus atque alitus fuerat bubone sinistro,*
> *Quamvis Supplicii servus foret Ambaziensis.*
> *Pejor enim quavis est peste domesticus hostis,*
> *Præcipue qui colla premit pede libera servo.*
>   *Lochia Chinonemque simul rex obsidet, atque,*
> *Vix anni spatio, longo sibi subdit agone,*
> *Tantæ molis erat tantas evertere turres !*
> *Innumerosque capit equites, multosque clientes,*
> *Vi castrum multa qui tutabantur utrumque ;*
> *Cumque aliis vinclo vinctum majore Girardum*
> *Carnopoli tenuit in carcere tempore multo,*
> *Supplicio affligens digno pro crimine servum.*

M. Lambron de Lignim a fait justice de ces assertions

sans preuves [1]. Il a démontré que les hautes fonctions qu'il exerçait, la considération dont il jouissait étaient incompatibles avec la bassesse de naissance que lui attribue le poète courtisan de Philippe-Auguste, et n'appartenaient alors qu'à la noblesse, trop attachée à ses privilèges et trop fière pour obéir à un esclave, et lui permettre de marcher de pair avec les plus grands seigneurs. Quant au pillage de Tours et d'Amboise, et aux cruautés qui en furent la suite, ce fut, au dire de tous les chroniqueurs, l'œuvre des Cotereaux à la solde du roi d'Angleterre, et lorsque Girard fut appelé au commandement de la ville de Tours, il s'efforça de réparer le mal déjà fait.

La garnison prisonnière fut envoyée au château de Compiègne. Mais Jean Sans-Terre n'oublia pas le serviteur et l'ami qui lui demeura fidèle toute sa vie. Il proposa à Philippe une rançon de 2,000 marcs d'argent, d'une valeur intrinsèque de 104,000 francs et d'une valeur relative infiniment plus considérable, somme importante qui montre en quelle estime le roi tenait son capitaine. Cette rançon, refusée d'abord, fut probablement augmentée. Girard put rentrer en Angleterre avec sa femme Lupa et ses fils, ses parents Girard et André de Loches, et plusieurs de ses compagnons d'armes, au nombre desquels on trouve Engelas de Cigogné et Pierre de Chanceaux ; et dans l'espace de trois ans le roi lui concédait, en récompense de ses services, la jouissance du château et du comté de Glocester, du château et de la châtellenie de Bristol, le nommait gardien du comté de Hereford, et de l'abbaye de Kaynesham, bailli du diocèse de Bath, membre de son conseil, etc.

[1]. Recherches sur Girard d'Athée, Mémoires de la Société archéol. de Touraine, t. VII et XIII.

Son fils fut pourvu de terres importantes dans les comtés d'Essex, de Bedford, de Cambridge, de Huntindon et de Norfolk.

Cette nomenclature rapide suffit pour rendre au défenseur de Loches sa vraie place dans l'histoire, et le venger des calomnies de Guillaume le Breton.

De son côté le roi de France, pour récompenser les services que son connétable Dreux de Mello lui avait rendus dans cette campagne, fit don à son fils Dreux V des châtellenies de Loches et de Châtillon-sur-Indre, par une charte datée de Beaulieu près Loches, du mois d'avril 1205, — quelques jours après la prise du château, — à la charge de les rendre lorsqu'il plaira au roi ou à ses héritiers « *nobis et heredibus nostris, ad magnam vim et ad parvam, quotiescumque ab eis requisierimus* ». A partir de cette époque nous voyons le seigneur de Loches figurer au nombre des chevaliers bannerets de Touraine.

Il fit remettre en état la place, fort endommagée sans doute par la « grande et cruelle batterie » qu'elle venait de subir. A cette époque probablement on ajouta les tours à bec[1] à la courtine du midi, et l'on creusa plus profondément les fossés.

Dreux V paraît avoir séjourné à Loches assez longtemps. Il y donna plusieurs chartes datées de 1215, 1234, 1239. Il y fit plusieurs donations au chapitre pour son anniversaire et celui d'Élisabeth de Mayenne sa femme. Il partit pour la Terre sainte au mois de juillet 1239, et mourut dans l'île de Chypre sans laisser d'héritiers.

Après sa mort, son neveu Dreux VI, malgré la clause

---

1. Ce nom de *tours à bec* nous paraît tout à fait impropre ; nous ferons mieux comprendre leur figure en disant que leur plan donne le tracé d'une ogive.

de reversion à la couronne à défaut d'héritiers directs, éleva des prétentions à la possession de Loches et de Châtillon. Il était à la croisade avec saint Louis, lorsque ce roi, pour éviter toutes difficultés, lui racheta ces deux villes moyennant une rente de 600 livres. Ce traité fut signé en décembre 1249 au camp d'Égypte, proche le fleuve du Nil.

A partir de ce moment, Loches fit définitivement retour à la couronne.

IV

DESCRIPTION DU VIEUX DONJON.

ous avons vu quelles traces profondes avaient laissées en Touraine et jusque sur les bords de l'Indre les invasions des Normands, et comment les comtes d'Anjou avaient toujours été au premier rang dans cette lutte si longue et si dramatique.

On ne sera donc point étonné de retrouver ici les traditions et le plan des forteresses normandes, c'est-à-dire le donjon carré, placé à une extrémité de l'enceinte, au point le plus exposé ; les défenseurs du sol prirent exemple sur leurs ennemis, et copièrent leurs moyens de défense dont ils avaient pu apprécier la supériorité. Nous ne voulons pas dire que le donjon actuel remonte à une époque aussi reculée ; mais nous avons cru reconnaître, à la suite de fouilles récentes, dans les soubassements et dans certaines parties, les restes d'un premier donjon, détruit sans doute à son tour, et rebâti sur le même emplacement, sur le même plan, et dans les mêmes dimensions. Nous dirons bientôt toute notre pensée à ce sujet.

Cette lutte avec les Normands dura bien après leur établissement définitif en Neustrie, car nous les retrouvons dans le Berry en 917. Ils venaient de ravager la Touraine, et suivaient la vallée de l'Indre, lorsque Ebbe l'Ancien, prince de Déols, marcha contre eux avec une armée assez nombreuse, les battit à Châtillon et les poursuivit jusqu'à Loches, « les ponts qui estoient entre eux et luy rompit, les *bois biaïns,* les voyes et fleuves publiques, empescha par toutes les manières qu'il put empescher l'entrée de sa terre... et toute la grande compaignie mit en fuite, et jusques à Orléans les poursuivit, et voulussent ou non, leur fit passer la Loire, et les enclouit entre Loire et Seine. » (Chronique de frère Jehan de la Gogue, prieur de Saint-Gildas.) Il mourut des blessures qu'il avait reçues dans cette campagne, et fut enterré à Saint-Aignan d'Orléans[1].

En nous reportant à son origine, c'est-à-dire au temps qui suivit la destruction totale de 742, nous pouvons nous figurer le donjon bâti au sommet d'une motte factice, à l'endroit même où nous le voyons aujourd'hui. Une tour de pierre succéda à la construction de bois du V° siècle ; on rétablit les palis de la première enceinte, et on planta une

[1]. Quelques auteurs prétendent qu'il s'agit des Hongrois. Le frère de la Gogue parle des Huns, Daces et Vandales, venus après les Normands. De quelque nom qu'on les nomme, de quelque côté qu'ils viennent, nous voulons seulement faire remarquer que le Berry, par sa position centrale, était le lieu de refuge devant toutes les invasions. Les moines de Ruyens en Bretagne y apportaient les reliques de saint Gildas et le corps de saint Paterne qu'ils avaient trouvé abandonné à Rennes. Ils rencontraient à Preuilly les clercs de Rennes qui fuyaient avec le corps de saint Mélaine. Ce dernier saint refusa d'aller plus loin, et resta dans le château de Preuilly, où le seigneur lui fit construire une église. Les moines de Saint-Martin de Tours voulaient peut-être aussi prendre cette direction, quand ils apportaient leurs trésors et leurs reliques jusqu'au monastère de Cormery, que les Normands détruisirent.— En sens inverse, les moines de l'Estrée, en Berry, fuyant devant les Hongrois, apportaient à Loches, en 951, les reliques de saint Genouph. Tous ces faits font ressortir l'importance stratégique du château de Loches. — V. Baronius, *Ann. Bened.*, etc.

seconde ligne de pieux, derrière laquelle on creusa un fossé, d'abord peu profond, pour séparer le donjon du plateau de Bel-Ébat. Le reste était suffisamment défendu par l'escarpement du rocher, tant du côté de l'Indre que du côté de la vallée de Mazerolle. Le donjon venait ainsi fortifier le point le plus faible, et dominait les deux vallées le long desquelles passaient les principales routes du Berry et du Poitou. Peut-être même ce dernier chemin passait-il au sommet du plateau, et venait-il aboutir directement en face du donjon, pour contourner ensuite le fossé en longeant la ville.

Dans ces conditions, le donjon de Loches n'était pas encore une place très formidable ; ce n'était qu'un poste retranché. De nouvelles ruines furent sans doute la conséquence de la lutte avec les Normands ; et probablement il fut rebâti sur un plan plus sérieux, dont nous croyons retrouver une partie importante dans le soubassement actuel et dans le rez-de-chaussée qui le surmonte, où la tradition et des traces incontestables de l'*opus spicatum* se montrent dans le blocage des murs dépouillés de leur revêtement, comme au château d'Arques.

Les comtes d'Anjou comprirent vite tout le parti que l'on pouvait tirer de cette place, et l'importance qu'elle était appelée à prendre ; pendant trois générations, ils s'appliquèrent à la fortifier, à l'accroître, jusqu'au moment où Foulque Nerra en fit le centre de ses opérations militaires en Touraine.

Nous attribuerons donc au XIe siècle, sous Foulque Nerra, ou au plus tard sous Geoffroy Martel, l'exhaussement probable du donjon, avec ses contreforts cylindriques[1]

---

1. Il faut remarquer que quelques-uns des contreforts cylindriques, notamment celui de l'angle N.-O., ne sont, à leur base, que plaqués à la construction, ce qui paraît indiquer qu'ils ont été ajoutés ; mais peut-être sont-ils liés aux maçonneries supérieures.

et l'établissement des hourds au sommet. Les travaux de cette période sont assez importants pour pouvoir être considérés comme une véritable reconstruction ; ils donnent au donjon sa physionomie complète telle qu'elle s'offre aujourd'hui à nos études.

Peu de temps après et successivement, mais d'une manière interrompue par de très courts espaces de temps, on remplaça la première ligne de pieux par un mur bâti sur le bord de la motte, peu élevé, crénelé, et servant pour ainsi dire de chemin de ronde au pied du donjon, et dominant la seconde cour, beaucoup plus basse qu'elle n'est aujourd'hui.

Les palissades de la seconde enceinte firent place à leur tour à la courtine extérieure bordant le fossé, flanquée de petites tours cylindriques et à peu près équidistantes.

Enfin, ces deux enceintes vinrent se rejoindre sur un point englobé aujourd'hui dans la Tour-Ronde. A ce point de jonction, on bâtit un ouvrage de forme angulaire, qui vient du côté du nord se réunir au donjon par un mur pour fermer l'entrée de ce côté.

Le donjon ainsi défendu sur ses points les plus exposés, le reste du plateau qui s'étend du côté de l'église et de la sous-préfecture était suffisamment protégé — et dut l'être longtemps encore — par l'escarpement du rocher et par des lignes de pieux, renforcées peut-être de distance en distance par des ouvrages plus solides. On comprend d'ailleurs que l'occupation déjà difficile de ce terrain, si elle eût pu se produire, n'eût pas compromis sérieusement la sûreté du donjon, dont les approches, du côté du nord, devaient être également bien munies.

Mais la tour maîtresse est toujours le centre où reviennent se porter les sollicitudes du seigneur ; protégée à sa base par des défenses accumulées, elle protège à son tour au loin par son élévation et sa masse. Elle est le signe de la puissance du baron, sa principale force, son magasin, son dernier refuge. Sur elle convergeront tous les efforts des assaillants. Aussi chaque maître y ajoute quelque chose, augmente, conforte, agrandit, répare. Au XI° siècle, nous trouvons le donjon tel qu'il est aujourd'hui, avec son double rang de remparts, ses hourds. C'est à cette date que nous le prendrons pour l'étudier.

En nous supposant encore au dehors et en faisant abstraction d'un ouvrage fortifié, sorte de tête de pont qui se trouve cachée dans les soubassements de la maisonnette que nous voyons à notre gauche, auprès d'un magnifique marronnier d'Inde, nous avons devant nous un avant-corps garni d'un pont-levis : c'est évidemment un pont-levis du XV° siècle. L'avant-corps du XIII° siècle était beaucoup moins important, comme on peut s'en assurer à l'intérieur. C'était la véritable entrée du donjon, et l'on n'y pénétrait probablement qu'au moyen d'une échelle [1].

Après avoir franchi ce premier passage, nous nous trouvons au niveau de la cour intérieure, dans un espace large de quelques mètres à peine, dans un angle où, du haut des murs, on peut écraser tous ceux qui oseraient s'y aventurer : pour plus de sûreté, les deux murs du donjon qui forment cet

---

1. A cette époque toutes les portes sont considérablement élevées au-dessus du sol. On ne faisait donc pénétrer les approvisionnements à l'intérieur des places qu'à l'aide de trémies ou de ponts provisoires qu'on laissait subsister en temps de paix, et qu'on détruisait à la première alerte. On évitait par ce moyen les surprises des portes, qui devinrent fréquentes lorsque l'usage des ponts-levis se fut généralisé. Avec ce dernier système, il suffisait de faire verser une charrette à l'entrée du pont-levis pour embarrasser le passage et empêcher de relever le pont. L'entrée était alors au pouvoir des assaillants. Du Guesclin s'est plus d'une fois servi de ce stratagème avec succès.

angle sont garnis, à mi-hauteur, de meurtrières aujourd'hui bouchées. Évidemment, la position est détestable pour les assaillants.

Que sera-ce donc quand il faudra pénétrer dans le donjon lui-même! La porte est placée dans ce même angle ; il faut se retourner pour y arriver ; mais elle est percée à trois mètres de hauteur ; point d'escalier, et les ais solides qui composent sa fermeture sont assujettis en dedans par une forte traverse glissant dans une rainure ménagée à l'intérieur de la muraille. Il faudra la hache ou l'incendie pour renverser cette barrière, pendant que l'on est écrasé de trois côtés au fond de cette impasse.

Entrons cependant : la place est déserte aujourd'hui, les barrières tombées ; un escalier a remplacé l'échelle, et nous n'avons plus rien à redouter, si ce n'est quelque pierre peu solide chassée par le vent ou ébranlée par les corbeaux effrayés du bruit de nos pas.

Tout à coup, un précipice s'ouvre devant nous ; des fouilles récentes ont rétabli cette entrée telle qu'elle devait se présenter autrefois à l'assaillant terrifié. Quelle horrible surprise lui était ménagée au moment où il mettait le pied sur ce seuil péniblement conquis ? Nous ne pouvons le dire aujourd'hui ; mais il nous semble entrevoir quelque stratagème atroce, quelque fosse ménagée pour un écrasement. Un escalier étroit à gauche de la porte, porté de distance en distance par des arcs plein cintre qui vont en grandissant, contourne en rampant trois côtés de la tour, et domine ce trou dont l'obscurité était à peine rendue visible par les meurtrières échelonnées le long des degrés pour la défense de l'extérieur.

On est impressionné malgré soi par l'aspect de ces ruines. Les planchers effondrés laissent voir dans toute leur hauteur et leur nudité les murs écorchés et noircis, les cheminées

LE DONJON DE LOCHES.

béantes : une mousse verte et gluante recouvre la pierre ; l'herbe pousse partout, nivelant les angles et les saillies sous un tapis de feuilles. A droite, une large brèche nous montre un corridor secret pratiqué dans l'épaisseur du mur à la hauteur du premier étage. Devant nous, tout en haut, une petite voûte en fornice, où l'on voit encore quelques traces de peinture rouge et jaune, indique l'emplacement de la chapelle Saint-Sallebœuf, que son obscur patron n'a pas eu le pouvoir de sauver de la destruction. Les fenêtres ont conservé leurs barreaux de fer ; l'autel est encore debout ; un ormeau a poussé dessus, et ses branches légères ombragent de leur dais de verdure la place du tabernacle absent.

Au-dessus de nos têtes le ciel, dont l'éclat obscurci s'accroche en tombant en filets de lumière plus vive à toutes les aspérités. — Partout désolation et ruine.

Il faut avoir la tête solide et le cœur armé de ce triple airain dont parle Horace, pour s'aventurer à gauche sur la première marche de cet escalier large de 80 centimètres seulement. C'est le chemin que suivait le maître quand il voulait pénétrer chez lui, et le seul moyen de communication avec tous les étages jusqu'au sommet. Il contourne trois côtés du petit donjon, et des meurtrières échelonnées le long des marches permettent de surveiller les abords à l'extérieur. En haut, une porte donne accès dans ce que nous appellerons le grand donjon, à la hauteur du premier étage[1].

Pour nous, plus prudents, nous entrerons simplement au niveau des nouvelles fouilles, par une brèche déjà an-

---

1. Dans le nombre des étages nous ne tenons pas compte du soubassement nouvellement déblayé, qui doit être considéré comme une sorte de cave.

cienne. Il n'y avait point de communication entre le grand et le petit donjon à la partie inférieure. Il fallait absolument monter au premier étage, pour, de là, descendre, par des chemins cachés, dans ce rez-de-chaussée où nous arrivons.

Là, nous voyons toute la disposition intérieure. Point de voûtes. Au niveau le plus bas, souvent chargé, et sans doute encore plein de surprises, le donjon est divisé dans le sens de sa longueur par un mur épais qui portait vraisemblablement une épine de poteaux destinés à soutenir de grosses poutres, où venaient s'appuyer les planchers supérieurs.

Ces deux parties, divisées par un mur, ne paraissent pas, à l'origine, avoir eu de communication entre elles. C'étaient probablement des magasins de vivres ou d'armes. Dans l'une, à l'angle sud-est, un large puits, dont la découverte remonte à une quinzaine d'années, et qui a été dans ces derniers temps déblayé jusqu'à 75 pieds de profondeur, communiquait sans doute avec les souterrains que l'on retrouve partout, et servait en même temps à donner de l'eau, si la garnison venait à être bloquée. Plus loin apparaissent des arcs inégaux qui, longeant les murs du sud et de l'ouest, portaient un escalier aboutissant à l'angle nord-ouest, auprès de la cheminée.

Derrière cette cheminée, et contournant les deux côtés, ouest et nord, est caché, dans l'épaisseur du mur, un étroit passage voûté, garni de meurtrières dans toute la partie qui donne sur l'extérieur. Ce passage s'avance sur le petit donjon, où l'on peut l'apercevoir par une brèche, mais son entrée était dans la salle du grand donjon. Son autre extrémité communiquait, par une petite baie qui devait être cachée sous le plancher, avec l'escalier conduisant à l'étage inférieur et aux magasins. Du côté de l'ouest, il devait aboutir au dehors par une large porte placée derrière la cheminée. Cette porte a été supprimée à une époque déjà ancienne. Tout le mur ouest extérieur devait être, à ce niveau, garni d'un trottoir en bois.

Ce couloir contient à l'angle nord-ouest de curieuses sculptures que nous regrettons de ne pouvoir reproduire, des sujets pieux, des blasons, un mélange d'hommes et d'animaux, etc. Ces singularités paraissent remonter au XIII° siècle.

La salle du premier étage était la principale. Elle commandait à toutes les autres, car il fallait la traverser pour arriver, soit au corridor caché dans le mur, soit à l'escalier descendant aux caves, soit à la chambre située au même niveau dans le petit donjon.

De plus, dans l'angle nord-est, se trouvait l'entrée de l'escalier pris dans l'épaisseur du mur de l'est pour conduire à l'étage supérieur ; enfin, dans l'angle sud-ouest, une porte donnait accès à un petit réduit, au bout duquel était une sortie sur le mur qui, de l'angle du donjon [1], allait rejoindre l'enceinte intérieure. C'est sans doute par cette entrée plus facile que le commandant pénétrait directement dans la grande salle, au moyen d'un escalier de bois partant du niveau de la cour, et que l'on détruisait en temps de guerre. Le point d'arrivée de cet escalier et l'entrée dans la tour étaient cachés au dehors par une petite voûte dont on voit encore les traces.

Cette salle était chauffée par une cheminée à manteau conique. Elle était éclairée par huit fenêtres : quatre au midi, deux au nord et une de chaque côté de la cheminée.

---

1. Ce mur qui nous paraît être de la même époque que le donjon, les deux maçonneries étant bien liées, est bâti sur un autre fragment de muraille encore plus antique, qui pourrait bien être tout ce qui reste d'un donjon antérieur.

Dans le petit donjon, la chambre du même étage avait aussi une fenêtre de chaque côté de la cheminée et une autre à l'ouest; l'ouverture de cette dernière était assez élevée au-dessus du sol; on y arrivait par plusieurs gradins.

Ces deux pièces servaient d'habitation au commandant du château. Là venaient aboutir toutes les issues, les escaliers, les passages secrets. Soit en montant, soit en descendant, il fallait arriver là. Dans les forteresses comme celle de Loches, l'ennemi n'entrait guère que par surprise ou par trahison — par trahison surtout. Ainsi placé, occupant par lui-même ou par ses amis les plus sûrs tout le premier étage du grand et du petit donjon, maître du passage secret qui s'ouvrait à ce même niveau, communiquant par des escaliers avec les deux côtés du rez-de-chaussée, ayant encore une sortie au dehors, gardant en même temps les étages supérieurs et les magasins du rez-de-chaussée, il surveillait lui-même ses hommes, ne laissant entre les défenseurs d'en haut et ceux d'en bas que les communications nécessaires, et pas un mouvement ne lui échappait. La chambre du petit donjon était sans doute réservée à son usage particulier; celle du grand donjon était la salle d'apparat, ce qu'au moyen âge on appelait la grand'salle.

Dans la chambre qui se trouve au-dessus de celle-ci, aboutissait, à l'angle sud-est, après un retour d'équerre, l'escalier caché dans l'épaisseur du mur est. Six fenêtres éclairaient cette salle. De là on passait dans l'escalier, d'abord en spirale, puis droit, qui monte jusqu'au sommet de la tour et débouche à l'angle sud-est, où se trouvait l'échauguette, que l'on désignait sous le nom de *lanterne*.

Nous n'essaierons pas autrement de reconstituer par la pensée cet intérieur bouleversé par quatre siècles d'habitation, de guerre et d'abandon. C'est un problème dont on

PLANCHE IV

INTÉRIEUR DU GRAND DONJON

chercherait en vain la solution, une énigme qui refuse encore de se laisser deviner. A peine croit-on avoir trouvé le mot, qu'une autre difficulté se présente et vient renverser l'échafaudage laborieusement construit. Que de systèmes nous avons déjà entendus ! Chacun a le sien. Par malheur, ils se détruisent les uns les autres. Pour nous, il nous coûte peu d'avouer que nous n'avons encore trouvé rien de satisfaisant, après dix ans d'études suivies et d'observations journalières.

Il est facile de faire une théorie par à peu près dans une visite passagère. Au cabinet et sur le papier, l'équerre et le compas en main, c'est déjà plus malaisé ; mais au pied du mur, c'est bien autre chose.

Bornons-nous donc à constater l'existence de deux étages au-dessus de la salle du commandement ; ils étaient, à peu de chose près, la répétition du premier. Cependant, au dernier étage, nous remarquons, au midi, une large porte traversant toute l'épaisseur du mur. On arrivait par là au balcon de bois appelé hourdis. Cet ouvrage était destiné à défendre le pied des murs contre les dangers de la mine ou de la sape. Il offrait aussi une plus grande surface aux défenseurs, leur permettait de circuler sans interruption autour du donjon et les protégeait plus efficacement que les créneaux contre les traits de l'ennemi. Ce hourdis devait ici être établi à demeure, car il était trop considérable pour être facilement déplacé et replacé en cas de guerre. On peut voir, par la place des trous et par quelques fragments de solives encore en place, qu'il occupait au moins toute la hauteur du dernier étage. Il devait être bâti en matériaux assez solides ; les nombreux projectiles dont on voit la trace sur la façade du sud ont à peine laissé quelques marques dans la partie haute que nous supposons enveloppée par les hourds.

Le donjon était abrité par une charpente couverte en bardeau, ainsi qu'il résulte d'un rôle en parchemin de 1359, conservé aux archives de la ville de Tours :

« A Simon Millet, et à Gillet Baillepain, et à Clément Petit-Laurent, baucherons, baillé en tasche à fendre essil (1) et late pour couvrir la tour du daugon et autres édifices dudit chastel, c'est assavoir millier d'essil pour le prix de xii s. chacun millier, et late pour le prix de xx s. chacun millier. »

De plus, à l'angle sud-est, s'élevait, comme nous l'avons dit, à l'extrémité de l'escalier, une échauguette où flottait la bannière du seigneur, et qui donnait accès sur les murs, probablement crénelés dans tout le pourtour du donjon, de façon à former un chemin de ronde autour de la toiture. Enfin l'entrée du côté du nord fut protégée, au XIIIe siècle par un petit avant-corps ou portail, que l'on agrandit considérablement au XV°, en y ajoutant un pont-levis et un étage.

Au XIII° siècle encore appartient la construction des tours à bec, qui paraissent avoir porté à cette époque le nom de tours d'Aubiron ou d'Auberon. Élevées probablement après « la grande et cruelle batterie » que Philippe-Auguste avait fait subir aux remparts, elles ne paraissent point liées à la courtine, et elles ont englobé en partie les petites tours cylindriques du XII°. Elles avaient chacune trois étages, et l'une d'elles communiquait très probablement avec les souterrains et les fossés.

---

1. *Essil* est le même mot que *esseau*, *essente*, qui, d'après M. Viollet-le-Duc, est synonyme de bardeau, petite tuile de bois ayant ordinairement 22 centimètre de longueur sur 8 de largeur. Les bardeaux étaient refendus, et non sciés, ce que dit bien la pièce que nous citons (V. *Dict. d'architect.*, v° Bardeau). — *Essorne*. Comptes municip. de Loches, 1478.

Le niveau de la basse-cour comprise entre les deux enceintes s'est continuellement élevé. Au XV° siècle, il était déjà ce que nous le voyons. A cette époque, une porte, dont le pont-levis s'abaissait sur deux piliers pour traverser le fossé, fut ouverte au sud. C'est par là que, suivant la tradition, la reine Marie de Médicis, conduite par le duc d'Épernon, sortit du château de Loches après sa fuite de Blois, et gagna le chemin de la Rochelle.

Signalons, pour en finir avec cette description déjà trop longue, deux autres portes, l'une à l'est et l'autre à l'ouest. Aujourd'hui murées, très élevées au-dessus du sol, elles paraissent avoir été destinées à introduire les approvisionnements dans l'intérieur du château par des chemins souterrains.

Le donjon était d'ailleurs abondamment pourvu de toutes les ressources nécessaires en cas de siège. On y trouvait, sans que nous puissions en indiquer la place exacte, une boucherie, — ce qui suppose quelque part une place pour le bétail ; — une cuisine, un moulin, une huche à poisson. Des meules hors de service, ayant en moyenne un mètre de diamètre, ont été trouvées dans les fouilles ; nous n'avons pas vu dans le donjon de trace des cuisines ni du four que le titre de 1359, cité plus haut, indique comme situé dans la grande salle ; mais dans un coin du portail d'entrée, près du pont-levis, il y a un petit four qui aurait pu suffire pour les besoins les plus pressants. Un autre se trouvait peut-être dans la basse-cour, près des tours d'Aubiron.

Si nous osions émettre ici une opinion qui paraîtra peut-être hasardée à quelques-uns, nous dirions que le petit donjon pourrait bien n'avoir jamais été plus haut que nous le voyons aujourd'hui. La destruction de l'étage le plus élevé n'eût point été chose facile pour les démolisseurs et ne leur eût présenté aucun intérêt. Les fabricants de salpêtre se seraient contentés d'enlever, comme ils l'ont fait en maints endroits, le revêtement qui seul pouvait leur servir, l'intérieur des murs étant bâti en blocage de moellon dur noyé dans un mortier encore plus dur. Ce côté de la forteresse était le moins exposé aux attaques de l'ennemi. On peut donc supposer que ce dérasement, si régulier dans son niveau, n'a pas été la suite d'un siège ou d'une démolition volontaire. Il nous paraîtrait plus naturel de croire que le constructeur, après avoir terminé le grand donjon, qui présentait sa principale face au seul point d'attaque possible, se sera arrêté pour un motif quelconque, provisoirement peut-être, dans l'espoir de reprendre les travaux; car les amorces des murs se prolongeant jusqu'au haut de la grande tour nous indiquent bien que le petit donjon entrait dans le plan général, et qu'on avait l'intention de l'élever au même niveau que l'autre partie. Une grande porte qui devait donner à l'intérieur au-dessus de la chapelle et communiquer avec les hourdis, se voit encore à ce niveau, semblable à celle que nous avons signalée dans le côté sud.

Les travaux arrêtés ne furent pas repris. Ce qui nous confirme dans cette opinion, c'est que la vue de Belleforêt, assez grossière d'ailleurs, nous montre, en avant du donjon carré, une sorte de barbacane *moins haute* qui, malgré la forme arrondie, ne peut représenter autre chose que notre petit donjon. Ses dimensions sont trop considérables pour que l'on puisse y voir le portail d'entrée. De plus, le compte de 1359, qui paraît porter sur une restauration presque complète du donjon, depuis les caves jusqu'à la toiture, ne parle que de ces deux points : une cheminée en la chambre sous la chapelle Saint-Sallebœuf (il n'est pas question de chambre au-dessus), et la couverture « de la grosse tour du daugon et la petite tour *dessus la chapelle Saint-Sallebœuf* ».

Il paraîtrait bien résulter de ce passage que la charpente était placée immédiatement au-dessus de la chapelle.

Il ne reste plus de la redoutable forteresse des comtes d'Anjou que les quatre murs qui racontent dans un silence éloquent la fragilité des choses humaines. Les corbeaux en sont aujourd'hui les seuls habitants ; ils y ont élu domicile, et tout le jour ils couronnent le sommet des murs, rangés en bataille comme des soldats, reveillant de leurs cris tous les échos. Ils appartiennent aux ruines, comme les ruines leur appartiennent.

> Sur le pavé brisé gisent les hauts plafonds ;
> Tous les seuils infranchis sont pleins de hautes herbes,
> Et le front crenelé des murailles superbes
>   Dort au lit des fossés profonds (1).

1. *Souvenirs d'automne,* par M. Delphis de la Cour.

V

LA TOUR RONDE. — CONSTRUCTIONS DU XVᵉ SIÈCLE.

(1261-1419.)

'HISTOIRE militaire du château retombe dans l'obscurité pendant le XIIIᵉ et le XIVᵉ siècles. Le pays cependant était loin de jouir des douceurs de la paix.

Malgré de rares suspensions d'armes, la Touraine était toujours dévastée par la guerre. Les Grandes Compagnies battaient la campagne, brûlant et pillant; mais il est probable que le château de Loches était désormais un trop gros morceau pour elles, et qu'elles n'osèrent point l'attaquer.

Notons en passant quelques visites royales : saint Louis, au mois d'octobre 1261 ; Philippe-le-Bel, en 1301 et 1307, lorsqu'il allait à Poitiers concerter avec le pape la ruine de l'ordre du Temple ; Jean II y vint aussi plusieurs fois avant son avènement, et notamment en 1345. Il y revint encore et fit ravitailler le château au mois de septembre 1356, dix jours seulement avant la trop célèbre bataille de Maupertuis.

Vaincu et fait prisonnier dans cette bataille, il fut emmené en Angleterre. Trois ans après, il consentit à signer avec Édouard III un traité honteux, par lequel il cédait à l'Anglais : le Maine, l'Anjou, la Bretagne, l'Aquitaine, le Poitou, la Saintonge, le Périgord, le Quercy, le Limousin, l'Agenois et Bigorre, plus la Touraine, la Normandie, Calais, Guines, Boulogne et tout le Ponthieu. Le roi de France devait en outre payer quatre millions d'écus d'or pour sa rançon.

A cette nouvelle, le régent, qui fut plus tard Charles V, assembla les États Généraux. Lorsque le traité fut soumis aux députés, ils le rejetèrent d'un commun accord en disant « qu'ils auroient plus cher à endurer et porter ce grand méchef et misère où ils estoient, que de voir le noble royaume de France amoindri et défraudé ». (Froissart.)

Édouard III, furieux, repasse la mer à la tête de cent mille hommes et de onze cents vaisseaux, et débarque à Calais, le 28 octobre de cette même année ; il livre au pillage les provinces qu'il traverse, brûlant les châteaux, les monastères et les églises. Les Grandes Compagnies, sous la conduite de Basquin du Poncet, ravagent la Touraine, brûlent Beaulieu, s'emparent de Cormery, mais ne paraissent avoir fait aucune entreprise sur le château de Loches, qui avait été réparé l'année précédente, comme nous l'avons dit plus haut. André de Famont, lieutenant d'Enguerrand de Hesdin, capitaine du château, fut envoyé pour traiter de la paix avec le Basquin dont les troupes occupaient la Roche-Pozay et Veretz. Mais les trêves partielles et locales qui pouvaient être conclues n'empêchaient pas la guerre et le brigandage d'être en Touraine à l'état permanent. L'abbaye de Beaulieu, brûlée en 1395, n'était pas encore sortie de ses ruines, que les Anglais s'en emparèrent de nouveau en 1412, après un siège meurtrier, et envoyèrent l'abbé prisonnier en Angleterre. Thomas de Dorset, grand amiral d'Angleterre et d'Irlande, lieutenant du duc de Clarence, y tenait son quartier général au mois d'octobre. Le château de Loches, défendu par Enguerrand de Hesdin, puis par Guillaume Jolain et Jehan d'Azay, résista à toutes les attaques. En 1419, à la suite du meurtre de Jean Sans-Peur, Loches, qui comme le reste de la Touraine avait suivi le parti du duc de Bourgogne, devint la proie des flammes, probablement à la suite d'une tentative de ces bandes des Grandes Compagnies ; mais dans ces différentes circonstances, le château ne paraît point avoir été l'objet d'un siège régulier, ou tout au moins le souvenir ne nous en a pas été conservé.

Le ravitaillement qui précéda la bataille de Maupertuis fut probablement le dernier effort tenté pour maintenir le vieux donjon en état. Son système d'architecture était vieilli. L'artillerie venait de changer les conditions de la défense des places. Les hourds, les charpentes et les toitures en bardeau, faciles à incendier et à détruire, disparaissaient peu à peu pour faire place aux mâchicoulis et aux plates-formes destinées à recevoir du canon ; tout, en un mot, était à modifier, ou plutôt à refaire.

Cette transformation dut s'opérer lentement, jusqu'au jour où fut arrêté le plan d'un nouveau donjon.

Au point où, du côté du couchant, venaient se relier tous les murs d'enceinte, existait un ouvrage fortifié, une sorte de petit donjon, contemporain du grand, autant que l'on peut en juger par des meurtrières encore visibles à l'intérieur, et aujourd'hui obstruées par les nouvelles constructions. A côté, on avait élevé, vers la fin du XIVe siècle, un bâtiment qui sert aujourd'hui d'habitation au concierge de la prison. Composée d'une chambre unique avec un étage et un grenier au-dessus, cette annexe nous paraît n'avoir été qu'un corps-de-garde principal. Au commencement du XVe siècle, ce point fut choisi pour l'emplacement d'un nouveau donjon, bâti suivant les règles les plus récentes de l'art militaire et destiné à recevoir de l'artillerie.

D'après le nouveau plan, le château tout entier paraît avoir été l'objet d'un remaniement général. Laissant de côté — comme on laissa plus tard ces lourdes et puissantes armures, que le canon devait aussi rendre inutiles — le vieux donjon démantelé, mais trop solide pour être détruit, et dont la masse imposante constituait toujours une défense sérieuse, le constructeur du XV° siècle établit sur le bord extrême du rocher une forte tour qui commandait au loin la campagne en enfilant toute la ligne des remparts du côté de l'ouest. — En avant, un autre bâtiment appelé le Martelet, et dont nous parlerons bientôt, cachait sa base du côté de l'ennemi. Les tours à bec, — pour leur laisser ce nom inexact, — privées de leur toiture et dérasées à une certaine hauteur, pouvaient recevoir du canon ; enfin une porte avec pont-levis était ouverte entre deux de ces tours dans la courtine du midi, et tout le terrain compris entre la seconde et la troisième enceinte était surélevé de plusieurs mètres, faisant disparaître le relief de la motte féodale.

Du côté du nord, le nouveau donjon, absorbant dans sa masse les murs du XI° siècle, venait rejoindre le portail d'entrée dont les dimensions étaient doublées et les abords fortifiés.

Le principal de ces ouvrages, la Tour Ronde, est bâtie sur le bord du rocher, empruntant ainsi en hauteur toute la profondeur du fossé qu'elle domine.

Éloignée de la grande courtine de Vignemont, inabordable du côté de la ville, elle était à l'abri des tentatives du mineur et du choc des machines ; à l'époque où elle fut construite, elle avait peu de chose à redouter de l'artillerie, dont l'emploi, encore assez mal réglé dans les batailles, était à peu près inconnu dans les sièges. Est-ce à sa position assez bien abritée que le mur du midi devait son peu d'épaisseur ? En 1814, au mois de juillet, il céda, et une moitié de la tour s'écroula.

Son plan est d'une forme assez singulière : deux bâtiments en équerre, et l'angle protégé par une forte tour en saillie.

Elle comprenait trois étages desservis par un escalier tournant. Chaque étage comportait deux chambres, et peut-être trois.

La maison du gardien-chef sert encore, comme autrefois, de vestibule à cette tour. Près d'une porte située au premier étage on lit :

ENTRES. MESSIEVRS. CHES. LE. ROY. NOTRE. MESTRE.

C'est en effet une royale mais sombre demeure, et tous les hôtes, illustres ou inconnus, qui ont vécu dans ses murs ont pu dire ce que l'un d'eux a écrit : « *Beati ei qui non habitant in domo ista!* »

La première salle qui se présente au rez-de-chaussée est celle dite de la Torture. On y voit encore une barre de fer, garnie d'énormes anneaux dans lesquels on passait les pieds du patient. La salle est vaste, éclairée par une large fenêtre garnie de barreaux de bois qu'on dirait avoir fait partie de la cage de La Balue, dont nous verrons plus loin la description. Mais la cheminée est supprimée et les murs sont blanchis à la chaux. Les traces du passé dorment sous le badigeon réglementaire des prisons de l'État étendu en couches annuelles. Là sans doute s'instruisaient les procès et se donnait la question ordinaire et extraordinaire dont le roi Louis XVI eut la gloire d'ordonner l'abolition. Là, peut-être, comparurent devant leurs juges les complices du connétable de Bourbon, et le principal d'entre eux, l'infortuné comte de Saint-Vallier, que nous retrouverons dans un des chapitres qui vont suivre.

Au-dessous de cette chambre est une vaste salle ronde,

voûtée en coupole, où fut, dit-on, renfermé le cardinal La Balue. Nous ne voulons y voir qu'un magasin, grenier ou cellier, et peut-être l'emplacement d'un moulin [1]. Des deux prisons appelées *cages de fer*, que possédait le château, l'une se trouvait au-dessus du portail d'entrée, en face du vieux donjon, l'autre dans la principale chambre de la tour. Les trous, assez petits, régulièrement espacés et groupés quatre par quatre, que l'on remarque au pourtour des murs, seraient, dit-on, les traces des scellements qui supportaient la cage. Cette allégation ne supporte pas l'examen : les cages à prisonniers n'étaient point suspendues, à l'exception de celle de Chinon, qui tournait sur un pivot, et, l'eussent-elles été, que les dimensions de celle de Loches (environ deux mètres sur toutes faces) ne seraient aucunement en rapport avec la grandeur de la salle, ni avec l'exiguité des prétendus scellements.

L'escalier de pierre qui conduit au sommet de la tour dessert deux étages de salles disposées à droite et à gauche. Celles de droite n'ont rien de remarquable : dans l'une on lit l'inscription suivante, profondément gravée dans la pierre dure :

LE. SINGE. VEVLT. LES. CHOSES. QUIL. VOIT. FAIRE. SE. POSSIBLE. EST.

Le mur de l'autre côté est orné d'un grand vaisseau peint en noir, avec tous ses agrès, pavillon tricolore, les sabords garnis de canons. Il porte son nom à l'arrière : « Les trois Amis ».

Sur les murs, des noms de prisonniers de toutes les nations internés au château pendant les guerres de Louis XIV et de Napoléon Ier.

1. Voir l'Appendice.

A gauche de l'escalier sont les salles principales. Celle qui est au-dessus de la Torture a été défigurée par des aménagements modernes. Elle est placée à côté du petit pont-levis qui ouvrait sur le chemin de ronde des remparts. Sa position indique qu'elle devait servir de corps-de-garde.

Au-dessus de celle-ci, est une salle voûtée, avec sa grande cheminée. Le plancher, composé d'ais de trois à cinq centimètres d'épaisseur, retenu par d'énormes clous, est encore en place ; il repose sur les poutres dont les entrevoûts sont remplis par des briques faisant une série de petites voûtes, travail assez remarquable pour l'époque. — On a donné à cette chambre le nom de salle d'armes, à cause des sculptures assez curieuses dont elle est ornée dans tout son pourtour. Près de la porte, où sont encore quelques poutres qui faisaient partie du tambour destiné à empêcher l'introduction de l'air extérieur, un soldat, en costume du temps de Charles IX, porte une hallebarde et des clefs, et fait penser à cette inscription trouvée près d'une porte du château de Blois :

> Cy suit qui suis
> Bon homme suis
> Et suis commis
> A garder l'huis
> Et le garderai si ie puis.

Plus loin, sur le mur de droite, deux autres se battent en duel. Entre eux, et derrière les épées croisées, un autre, de taille plus élevée, paraît présider le combat, les bras levés, et une courte épée dans chaque main ; d'autres encore sont armés d'arquebuses ou mousquets ; d'une main ils tiennent la mèche, de l'autre le crochet destiné à supporter l'arme. Un autre enfin porte un pistolet du même système avec la mèche. Les traits de ces sculptures peu saillantes, creusées au couteau, ont été accentués avec de la peinture noire. Près de la cheminée, un autre essai de sculpture, plus fouillé, paraît représenter une cérémonie religieuse du XVIe siècle. Elle a dû coûter assez de temps à son auteur, et lui faire paraître moins longues les heures de la prison.

Une autre salle située dans la partie écroulée faisait suite à celle-ci. C'est dans cette sorte d'appartement que Ludovic Sforce passa sans doute les dernières années de sa vie après avoir quitté le cachot du Martelet [1]. De nombreuses inscriptions témoignent de l'énergie d'esprit et aussi de la lassitude de l'illustre captif. Dans un coin, une grande procession est aussi sculptée profondément. Un homme, à genoux sur un coussin, dans l'attitude de la prière, paraît être l'auteur de ces sculptures, qui, d'après les costumes, seraient postérieures au séjour de Ludovic.

Des travaux de restauration, qui deviennent plus urgents chaque jour, vont être, dit-on, entrepris très prochainement dans cette partie du château.

L'escalier débouche sur une plate-forme dallée en pierre dure, qui a dû subir peu de changements. Les cheminées seules ont été dérasées et bouchées pour éviter les évasions. Des latrines placées dans l'angle de l'est ont également disparu.

De nombreuses inscriptions se lisent tout le long de cet escalier. Nous les renvoyons à la fin du volume.

Dufour, d'après Duchesne, attribue la construction de la Tour Ronde à Louis XI et à ses successeurs, Charles VIII et Louis XII. Nous ne savons sur quelle donnée s'appuie

---

1. Voir plus loin la description du cachot de ce prince et les détails de sa captivité.

cette opinion. Chalmel fixe les dates de 1469 pour la Tour Ronde, et de 1500 pour le Martelet ; il faut remarquer que la première de ces dates est celle de l'arrestation de La Balue, et la seconde celle de la prise de Ludovic Sforce. Outre qu'il est assez peu probable que l'on ait pu bâtir des monuments de cette importance juste à point pour y loger ces prisonniers, la date de 1417 répétée plusieurs fois dans les soubassements du Martelet, et dans le cachot au-dessus du pont-levis, viennent infirmer complètement ces allégations ; pour nous, ces deux constructions sont contemporaines de la Tour Ronde, font partie du même ensemble, et appartiennent aux premières années du XVe siècle. Belleforêt était plus près de la vérité quand il disait, en 1575, que cette tour était bâtie depuis quelque 160 ans et plus, et terminée par Louis XII.

Les auteurs qui attribuent ces constructions à Charles VIII et Louis XII font évidemment une confusion entre la citadelle et le château royal. Ce dernier fut, en effet, sous les deux rois que nous venons de nommer, l'objet d'un remaniement et d'un agrandissement considérables.

Nous ne saurions terminer ce chapitre sans dire un mot d'une construction de la même époque et appartenant au même ensemble. Nous voulons parler du portail d'entrée du château.

En sortant de la Tour Ronde par un petit pont-levis, aujourd'hui hors de service, on pouvait suivre dans la direction du nord la ligne des remparts à l'abri d'un chemin de ronde crénelé, jusqu'au château royal situé à l'autre extrémité de l'enceinte. Cette courtine, au pied de laquelle se trouvait un fossé profond, comblé au siècle dernier et transformé en promenade, séparait le château d'avec la ville.

A peu près au milieu de cette ligne de murs, s'élève un

solide portail flanqué de deux tours, et qui est comme l'agrafe de cette ceinture.

Son approche était défendue par les fossés et par quatre tourelles dont une a été retrouvée en creusant la fondation d'une maison qui fait l'angle de la rue de la Poterie.

Un pont-levis donnait accès, par une porte en plein cintre, sous une voûte à la clef de laquelle on peut encore distinguer un écusson aux armes de France.

Une poterne, également munie d'un petit pont-levis, servait de passage lorsque la grande porte était fermée ; du côté intérieur, ce passage était en outre fermé par une herse, et par une porte massive dont les énormes gonds sont encore en place ; et quelques pas plus loin, un autre mur, détruit aujourd'hui, multipliait les obstacles.

Lorsqu'on a franchi la voûte, on trouve à gauche la porte d'entrée au-dessus de laquelle, à la hauteur du premier étage, une sorte de mâchicoulis intérieur interdit en cas de besoin l'accès de l'escalier. Cet escalier en spirale dessert les différentes chambres et monte jusqu'à la plate-forme, où deux autres escaliers droits descendent de chaque côté sur les remparts, établissant ainsi une communication continue qui, d'un côté se rattache à la citadelle, et de l'autre au château royal.

A l'étage inférieur, c'est-à-dire dans les soubassements, une casemate communiquant au fossé par des passages souterrains, et complètement isolée des parties hautes du portail, défendait ce fossé sous le pont-levis ; et, en supposant que l'ennemi s'emparât de la porte, une mine placée en cet endroit pouvait faire sauter la tour et les assaillants.

Ces précautions étaient bien justifiées par l'importance de cette partie du rempart. Il n'y a en effet que deux entrées au château : l'une, aujourd'hui supprimée, dans la courtine du sud, en face du donjon, flanquée de deux tours à bec, protégée par le fossé et la contre-escarpe, se trouvant par conséquent au point le mieux défendu. Il était difficile d'y avoir accès, car tous les feux pouvaient se croiser sur ce point.

L'autre est celle dont nous nous occupons. C'est la seule qui existe aujourd'hui. Elle est située au point le plus attaquable, assez mal défendue par les angles rentrants des remparts, et en avant par les maisons de la ville; aussi, loin de tirer sa force du rempart, c'est elle au contraire qui le protège. Elle fait une forte saillie sur la courtine, s'élevant au-dessus d'elle, et de l'intérieur de ses bastions et du haut de ses créneaux, le canon pouvait balayer à la fois le rempart et le fossé.

L'architecture indique une construction du XV° siècle; mais il est bien évident que longtemps avant cette époque le château était muni de remparts. Le portail n'a été construit que plus tard et probablement à la place d'une brèche ou d'une autre porte détruite. Nous trouvons en effet dans l'une des chambres de la tour un reste d'arc en ogive encastré dans la construction, et qui est resté là parce qu'on n'a pas voulu se donner la peine de le détruire. C'est le reste d'un ouvrage plus ancien, peut-être d'une porte du XIII° siècle.

L'intérieur n'offre rien de particulièrement intéressant. Il se compose au rez-de-chaussée de deux casemates, et, au-dessus du pont-levis, d'une vaste salle voûtée et de deux ou trois autres plus petites.

Ce portail servait de corps-de-garde, et aussi de prison, ainsi que le constate un certificat donné lors de la construction de l'Hôtel-de-Ville, en 1517, par Jacques de Renes, lieutenant ordinaire au siège de Loches de M. le bailly de Touraine :

« ...... Aussi qu'il n'y a prisons convenables et seures en touttes les prisons qui sont de présent pour les prisonniers et cryminels, fors le portal du chastel de Loches, auquel il n'y a qu'une chambre et deux ou troys petitz cabinetz esqueuls on entre par la rue, tellement que communément la nuyt les sarreuzes en sont levées et prisons rompeues et brisées, qui par chaicun an couste grosse somme de deniers au roy nostre seigneur pour les réparations d'icelles, et que puis an encza desdites prisons, pour les causes que dessus, et aussy qu'elles ne sont bonnes ne seures, en sont issuz grant nombre de prisonniers, tant faulx monnoyeurs, meurtriers, larrons, que aultres cryminels, et que led. chastel et lieu fort, auquel le roy notre dict seigneur par son ordonnance faict mectre prisonniers, est le chastel qui est en la charge du cappitaine que led. seigneur y commit, qui ne veult souffrir qu'il y soit mis aulcuns prisonniers, sinon par ordonnance et commandement dud. seigneur. » (*Arch. municipales, cote A.*)

A défaut de cette pièce les inscriptions dont les murs sont couverts nous indiqueraient assez la présence des prisonniers.

Le long des murs de l'escalier nous lisons d'abord ces vers pleins d'une mélancolique résignation :

> *Je endure en cet lieu. Ce endurer m'y fault.*
> *Mal endurant ne peut durer.*
> *A bon endureur rien ne lui faut.*
> *Qui veult vivre fault endurer.*

Dans une des chambres, on peut lire encore sur le mur ce verset du ps. 145, où la douleur s'exhale comme une malédiction rendue plus solennelle encore par la langue sacrée qui lui sert d'expression :

« *Nolite confidere in principibus, neque in filiis hominum, in quibus non est salus.* »

Plus loin nous retrouvons le nom d'un prisonnier étranger

supportant ainsi le double chagrin de la captivité et de l'exil :

IE RAFAELLE SALVETTE FLORENTIN
IE FU ENCLOS ICI POUR MON DESTIN.
NON PAS POUR AUCUN MAL FAIT A PERSONNE
ESPOIR EN DIEU MOY LA ENVOE MA BONNE
ENSI SOIT-IL. AMEN.

C'est le même sans doute qui écrivait encore cette touchante prière du captif qui se souvient de la patrie :

I'ESPOIRE EN DIEU ET EN NOSTRE-DAME DE LORETTE
QUI ME LIBRERONT DE CESTE PRISON OBSCVRE
QUE IE LES PRIE AFIN QUE TROP IE NI DEMEVRE
AMEN.

Dans un des cachots, « Pasquier Morin, prisonnier pour la Laigue » a épanché sa bile en une abondante poésie qu'on ne peut lire qu'avec le secours d'une lumière, les fenêtres ayant été mûrées.

Nous en passons un grand nombre, qui sont maintenant illisibles, ou qui offrent peu d'intérêt; et de celles que nous venons de citer, beaucoup ne peuvent plus se lire aujourd'hui. Le badigeon de 1865 a passé sur les unes; pour les autres, le frottement des corps étrangers, dans ces escaliers étroits, aura bientôt fait disparaître les dernières traces de l'écriture.

VI

CHARLES VII ET LOUIS XI. — LES PRISONNIERS D'ÉTAT. — LES CAGES DE FER (1424-1478).

 PARTIR du XVe siècle, la guerre change de théâtre et s'éloigne de la Touraine. La ville s'est peu à peu formée et agrandie sous le règne de Charles VII ; elle s'entoure de solides murailles ; elle organise une milice sérieuse; un nouveau palais, dont nous écrirons bientôt l'histoire, s'est bâti et devient le pied à terre des rois et la résidence des gouverneurs, tandis que la citadelle reste plus spécialement sous les ordres d'un commandant militaire qui prend le titre de capitaine. Le donjon, augmenté et fortifié d'après les règles nouvelles, restera toujours une forteresse importante ; mais il va devenir surtout prison d'État, et n'aura plus guère l'occasion de jouer un rôle actif, si ce n'est dans les guerres civiles. Nous ne croyons pas qu'il eut désormais à soutenir quelque siège ; la place passait pour imprenable, et la mauvaise organisation des armées, le défaut d'ensemble dans les opérations militaires la mirent, autant que sa réputation bien méritée, à l'abri des tentatives ennemies.

Les Anglais, dans le courant du XVe siècle, vont être peu à peu refoulés et chassés ; il va se faire autour du château de Loches un vide, où le silence de la paix ne sera troublé que par des événements de peu d'importance.

En 1424, le comte de Douglas, ayant amené au roi de France cinq ou six mille Écossais, reçut en récompense de ce service inattendu le duché de Touraine, « exceptez les châteaux de Loches et de Chinon, qui sont places fortes que le roy se réserva. » *(Mémoires sur Jeanne d'Arc.)*

Ce secours fut bientôt suivi d'un autre encore plus précieux : Arthur de Bretagne, comte de Richemont, avait été fait prisonnier à la bataille d'Azincourt, et pour recouvrer sa liberté, il avait été forcé de prêter serment de fidélité à Henry V. Mais à la mort du roi d'Angleterre, en 1422, il se regarda comme délié de son serment ; et comme « sa volonté et son courage étoient toujours portés vers la couronne de France, » il fit faire en hésitant quelques démarches près de Charles VII ; celui-ci, comprenant toute l'importance et tout le prix d'une telle recrue, lui fit grand accueil, et lui donna en gage Lusignan, Chinon et Loches, « les plus belles places qu'il eust, afin d'y mettre telles gens que bon lui semblerait. » (1425.)

Charles VII était à Loches, lorsque le 10 mai 1429, Jeanne d'Arc vint en personne lui annoncer la délivrance d'Orléans, et le presser de poursuivre ses succès et de se faire couronner à Reims.

En 1440, le dauphin, qui fut depuis Louis XI, ayant consenti à se déclarer le chef de la Praguerie, se sauva de la Cour. D'Amboise de Chaumont livra au duc de Bourbon le château de Loches, dont son cousin Antoine de Guenand était gouverneur, et le dauphin vint s'y réfugier. Le roi envoya aussitôt de nombreuses troupes commandées par Yvon du Puy, sieur de la Creste, et Jean de Voyer, sieur de Paulmy. L'armée royale s'établit à Beaulieu, et de fréquents engagements eurent lieu entre elle et la garnison du château, qui, sous les ordres du capitaine Archambault la Roque faisait souvent des sorties pour dévaster les environs. Le dauphin, craignant d'être investi, se sauva déguisé jusqu'à Moulins. Une partie de la ville de Loches fut dévorée par l'incendie, et le château fut forcé de faire sa soumission au roi. Charles VII cependant ne garda pas rancune aux Lochois, et leur accorda au contraire de nombreux privilèges pour les aider à construire leurs fortifications. Ses successeurs leur continuèrent la même faveur et leurs libéralités sont souvent motivées en des termes qui font l'éloge de la fidélité lochoise : « D'autant que les habitants ont exposé leurs corps et biens pour tenir ladite ville et chastel de Loches en la main du roy, dont ils ont reçeu de grandes pertes, à cause de la guerre et division qui a esté depuis peu à Loches » (1443) — « en faveur de la bonne amour, loyauté et obéissance que les habitants ont démonstrée par effect aux rois de France » (1498).

En 1456 Jean V le Bon, duc d'Alençon, ayant favorisé la révolte du dauphin, fut arrêté et conduit au château de Loches. Le 10 octobre 1458 il comparut à Vendôme devant un tribunal présidé par le roi, et où siégeaient tous les princes du sang et les pairs de France, les évêques, les baillis de Touraine, les trésoriers, etc. Trente-quatre conseillers au Parlement, deux avocats généraux, un procureur général et cinq greffiers complétaient cette importante assemblée. Le duc d'Alençon était assis au bas de l'estrade sur une escabelle ou sellette. La cour prononça contre lui la peine de mort, la déchéance de toutes ses dignités, et la confiscation de ses biens. Toutefois l'exécution fut différée jusqu'au bon plaisir du roi, et les biens du condamné, sauf le duché d'Alençon, furent restitués à sa femme et à ses enfants en souvenir des services rendus par ses ancêtres.

Trois jours après le jugement le duc fut transféré au château de Loches, et confié à la garde de Guillaume de Ricarville, maître-d'hôtel du roi. Les instructions données à Ricarville étaient fort rigoureuses. Le prisonnier devait être sous la surveillance continuelle d'un gardien couchant dans sa chambre. Il ne devait parler à personne, ni recevoir de lettres, ni en écrire, ni avoir d'argent ; mais on lui laissait des livres, et la triste consolation de jouer aux échecs avec ses gardes. Un chapelain, qui devait être changé toutes les semaines ou plus souvent selon la volonté du gouverneur, était chargé de donner au duc les consolations de la religion, et de dire la messe dans sa chambre et non ailleurs.

Jean resta en prison jusqu'à la mort de Charles VII. Louis XI le fit mettre en liberté le 14 octobre 1461.

Cette même année, Pierre de Brézé II, grand sénéchal d'Anjou, de Poitou et de Normandie, fut constitué prisonnier au château de Loches après la mort de Charles VII. Il ne put obtenir sa liberté qu'à la condition de consentir au mariage de son fils avec Charlotte, fille d'Agnès Sorel. Cette union ne fut pas heureuse et se termina d'une façon tragique : ayant surpris en flagrant délit d'adultère sa femme avec son grand veneur, l'époux outragé les tua tous les deux (1464).

Philippe de Savoie, comte de Bresse, troisième fils du duc de Savoie, et par conséquent beau-frère de Louis XI, fut enfermé à Loches sur la demande de son père, pour avoir tué Jean de Varans, maître d'hôtel de la duchesse sa mère. Il y resta deux ans. Quelques années après on le retrouve à Péronne à la suite de Charles le Téméraire.

Nous y retrouverons aussi Antoine de Châteauneuf, seigneur du Lau, que Louis XI, avait autrefois comblé de faveurs, et qu'il avait, en 1461, créé sénéchal de Guyenne.

Le soupçonnant d'entretenir des relations avec ses ennemis, et notamment avec le duc de Bourgogne, le roi le fit enfermer dans le château d'Usson en Auvergne, dont était gouverneur Louis, bâtard de Bourbon, amiral de France. Il paraît que Louis XI attachait une grande importance à ce prisonnier, car il avait chargé l'amiral de le mettre dans une cage de fer dont il lui envoyait le plan : l'amiral indigné répondit au roi : « S'il est ainsi que vous entendez la garde de votre prisonnier, vous pouvez le garder vous-même. » Il y avait déjà deux ans que du Lau était captif, lorsqu'il parvint à corrompre ses gardiens et à s'évader.

Le roi se vengea cruellement de ceux qui avaient favorisé sa fuite. Charles de Melun[1], gouverneur du château d'Usson, fut conduit à Loches et décapité, et comme si ce premier meurtre ne suffisait pas, un fils de la femme de ce malheureux, nommé Raimonnet, fut mis à mort dans la ville de Tours, et le procureur du roi au siège d'Usson subit le même sort à Meaux (1468).

En octobre 1468, Louis XI, sur les conseils de son ministre La Balue, évêque d'Angers, et du connétable de Saint-Pol, s'était décidé à se rendre à Péronne pour avoir une entrevue avec le duc de Bourgogne ; il partit le 7 octobre, accompagné de ses deux conseillers, et n'ayant pour escorte que 80 hommes de la garde écossaise, et 60 cavaliers.

---

1. Charles de Melun était fils de Jean IV, seigneur de la Borde, etc.; maître enquesteur des eaux et forêts de France et d'Isabelle de Savoisy. — Il était l'oncle de cet autre Charles de Melun, seigneur de Nantouillet, Normanville, etc., chambellan du roy, gouverneur de Paris et de la Bastille, lieutenant général du royaume et grand maître de France, que Louis XI fit aussi décapiter aux Andelys sur un soupçon de trahison. Ce dernier s'était marié deux fois, d'abord avec Anne-Phillippe de La Rochefoucault, et en second lieu avec Philippe de Montmorency.

Mais il ne tarda pas à se repentir de cette imprudente démarche, quand il vit autour de Charles le Téméraire tant de visages ennemis.

Du côté du duc de Bourgogne, il y avait monseigneur de Bresse (Philippe de Savoie), et deux de ses frères, enfants de la maison de Savoie, « car Savoysiens et Bourguignons de tous temps s'entraymoient très fort; or fault entendre que le roy avoit autres fois tenu ledit seigneur de Bresse en prison, à cause de deux chevaliers qu'il avoit faict tuer en Savoye ; par quoy n'y avoit pas grant amour entre eux deux ; — en ceste compagnie estoient encore monseigneur du Lau que le roy avoit semblablement tenu prisonnier, après avoir esté très prochain de sa personne, et puis s'estoit échappé de sa prison et retiré en Bourgogne. » (Commines.)

Pour comble de malheur, la révolte des Gantois, sur laquelle le roi ne comptait pas si tôt, vint le mettre dans la situation la plus périlleuse, livré à un ennemi que sa violence, son orgueil, sa férocité avaient fait surnommer le Téméraire et le Terrible. Il passa trois jours dans une inquiétude mortelle, ayant devant les yeux cette tour où Herbert, comte de Vermandois, avait fait périr Charles le Simple en 922. Enfin il s'échappa du piège en sacrifiant les malheureux habitants de Gand ; mais honteux comme un vieux renard bafoué par un jeune coq, maudissant les imprudents qui l'avaient mené là, furieux et ne rêvant que vengeance. Les pies et les geais de sa bonne ville de Paris saluèrent sa rentrée par des cris séditieux: « Per... ronne ! Perr....rette, à boire ! » Il leur fit tordre le cou ; et peut-être rêvait-il déjà de mettre en cage un autre oiseau que son plumage rouge serait impuissant à protéger.

La Balue, fils d'un tailleur d'habits du bourg d'Angles, en Poitou, s'était élevé rapidement aux plus hautes dignités ecclésiastiques. Louis XI l'avait distingué et attaché à son service ; il l'avait nommé successivement conseiller clerc au Parlement, évêque d'Évreux, abbé commandataire de Fécamp, de Saint-Ouen de Rouen, de Saint-Thierry de Bourgueil, etc. Du siège d'Évreux il passa à celui d'Angers, et en 1467 il revêtait la pourpre romaine, avec la dignité de cardinal du titre de Sainte-Suzanne.

Ambitieux, habile, remuant, La Balue était un des serviteurs les plus dévoués du roi, qui disait de lui : « C'est un bon diable d'évesque pour à cette heure ; je ne scay ce qu'il sera dans l'avenir ; quant à présent il est sans cesse occupé à mon service. »

En avril 1468, aux États Généraux de Tours, le cardinal La Balue occupait la première place à la droite du roi, avant tous les princes et tous les grands dignitaires du royaume Il eut encore cet autre honneur, — qu'il dut regretter plus tard, — de tenir, en qualité d'évêque d'Angers, la croix de Saint-Laud sur laquelle Louis XI jura le traité de Péronne.

Or le roi était vindicatif, et, selon l'expression de Commines, « n'avoit souci d'homme sur lequel il avoit suspicion mauvaise ». Il lui était difficile d'oublier que c'était aux conseils du cardinal qu'il devait ses terreurs et son humiliation de Péronne. Des lettres vraies ou supposées tombèrent entre ses mains ; le cardinal y exhortait le duc de Guyenne à n'accepter d'autres conditions que celles qui avaient été stipulées en sa faveur par le traité de Péronne.

D'Haraucourt, évêque de Verdun, était aussi compromis dans cette négociation.

Le porteur de ces lettres, ayant été pris, fut conduit devant le roi qui se trouvait alors à Amboise ; l'évêque et le cardinal, mandés aussitôt, furent arrêtés séance tenante, et enfermés dans le château de Tours. D'Haraucourt avoua ; La Balue essaya d'obtenir sa grâce par des aveux qui ne parurent pas suffisamment sincères. Le roi fit immédiatement commencer leur procès, et envoya des ambassadeurs auprès du Pape, à cause de la qualité des accusés, pour demander des commissaires ecclésiastiques qui devaient se joindre à ceux nommés par le roi.

Pendant ce temps, La Balue fut transféré du château de Tours dans celui d'Onzain, à quelque distance de Blois, ainsi que le prouve un article des comptes de Louis XI:

« A Guion de Broc, escuier, seigneur du Var, maistre d'hostel du roy nostre sire, la somme de 60 l. que le dit seigneur, par sa cédulle signée de sa main, donnée à Amboise le onziesme jour de février 1469 (1470) lui a ordonnée et fait bailler comptant ledit jour, pour icelle estre par lui employée à faire faire une caige de fer au chasteau d'Onzain, laquelle ledit seigneur a ordonné y estre faite pour la seureté et garde de la personne du cardinal d'Angiers. » (Cimber et Danjou.)

Les commissaires étaient : le chancelier Juvénal des Ursins, Jean d'Estouteville, baron de Torcy, grand maître des arbalestriers, seigneur de Montbazon ; Guillaume Cousinot, gouverneur de Montpellier ; Jean le Boulanger, président au Parlement ; Jean de la Drièche, président des Comptes ; Pierre d'Oriole, général des finances ; Tristan l'Hermite, prévôt de l'hôtel, et Guillaume Allegrin, conseiller au Parlement.

Le cardinal eut le bonheur de sauver sa tête, mais ses meubles furent confisqués ; sa vaisselle d'argent fut vendue, et les deniers qui en provinrent furent versés au trésor des guerres. Tanneguy du Chatel eut la tapisserie, Pierre d'Oriole la bibliothèque, M. de Crussol une pièce de drap d'or contenant vingt-quatre aunes un quart, du prix de douze cents écus, avec quelques martes zibelines et une pièce d'écarlate de Florence. Ses habits et d'autres objets servirent à payer les frais de justice ; quant à lui, il fut après sa condamnation conduit au château de Loches, et mis dans une de ces cages inventées par son ami l'évêque de Verdun, qui subit le même sort; et le peuple, qui n'avait pas grande sympathie pour les deux prélats, s'égaya sur leur compte par des chansons :

> Monsieur La Balüe
> A perdu la vüe
> De ses eveschés ;
> Monsieur de Verdun
> N'en a plus pas un
> Tous sont despeschés.

Probablement à cette époque, et pour la garde du prisonnier, Olivier le Mauvais, ou le Diable, — que le roi anoblit par lettres patentes d'octobre 1477, et qu'il autorisa à s'appeler le Daim, « pour les bons, grans, louables, continuels et recommandables services qu'il nous a par cidevant et dès longtemps fay a lentour et auprès de nostre personne, et autrement en plusieurs et maintes manières fait et continue de jour en jour », — Olivier le Daim reçut le gouvernement du château de Loches, « qui estoit et qui est encore de présent un bel estat....C'estoit un des plus mauvais garnemens et des plus grands débauchez qu'il y eut lors au monde. » Il fut pendu à Montfaucon en 1484, et l'on fit pour lui cette épitaphe :

> Je Olivier qui fus barbier du roy
> Loys unziesme, et de luy toujours proche,
> Par mon orgueil fus mis en desarroy
> A ce gibet tout rempli de reproche.
> En haut parler, en estat et approche,
> Je me faisois aux grands princes pareil ;
> Mais de malheur on m'a rompu la broche,
> Par ce piteux et horrible appareil.

Ce mode de mise en cage paraît avoir été fort du goût du roi. Nous voyons dans ses comptes de nombreux articles de dépense pour cet objet ; c'est un forgeron allemand qui paraît en avoir eu la spécialité :

« A Hans Fer d'argent, mareschal, natif du pays d'Allemaigne pour partie d'une cage de fer a mettre prisonniers xl livres. — A luy encor, lx livres pour la mesme cause. — A Jehan Daulin, marchand ferron demeurant à Tours, pour l'achapt de 3457 livres 1/2 de fer que ledit seigneur a fait prendre et achepter de luy, pour faire partie d'une cage de fer à mettre prisonniers. » (Bibl. Nat. mss Gaignière.)

Comme prison d'État le château de Loches était ce qu'on appellerait aujourd'hui un établissement modèle. Aussi était-il abondamment pourvu de toutes sortes d'engins. La salle qui a conservé le nom de la Torture, a gardé encore une énorme barre de fer glissant dans trois bornes de pierre, et garnie d'anneaux où l'on passait les pieds du patient, qui ne pouvait se tenir que couché sur le carreau. Deux cachots ont encore scellées au mur de lourdes chaînes terminées par des carcans, appelées les fillettes du roi, parce qu'elles étaient *même la nuit* les compagnes inséparables du prisonnier.

« Autrefoys avoit fait faire (Louis XI) a ung Allemand des fers tres pesans et terribles pour mettre aux pieds, et y estoit un anneau pour mettre au pied, fort mal aisé à ouvrir comme un carquan, la chaîne grosse et pesante et une grosse boule de fer au bout, beaucoup plus pesante que n'estoit de raison, et les appelait-on les fillettes du roy. » (Commines.)

Rien ne manquait à cet arsenal. Nous nous souvenons d'avoir vu il y a quelques années d'autres petits fers ou entraves pour mettre aux pieds et aux mains, réduction portative de la grande barre de la salle de la Torture.

On ne s'étonnera donc point de trouver dans cette prison de premier ordre deux cages de fer ; l'une était placée dans la grande chambre de la Tour, l'autre au-dessus du pont-levis. (Belleforêt.)

Elles n'étaient pas en fer, mais en bois, muni par dehors de bandes de fer; de figure quarrée, larges en tous sens de 6 pieds et demi de roy par dedans, hautes de 5 pieds et demi, planchéiées par bas et par haut ; il y avait un trou pour passer la viande par l'un des costés, et dans la partie inférieure de la porte qui était bossée et arrondie, un autre trou sous lequel on mettait un bassin. (Mss. Dubuisson[1].)

D'autres cages semblables se voyaient encore à Angers et à Chinon. Celle de Chinon, par un singulier raffinement, tournait sur un pivot.

Une de ces cages existait encore au château de Loches en 1790. Dans la séance de la société patriotique et littéraire du 21 août, un des membres, M. Jacob-Louis Dupont, demanda sa destruction :

« Depuis un an, dit-il, la France est libre ; depuis un an le despotisme a disparu de cet Empire. Cependant, vous le demanderai-je, à vous, Messieurs, qui depuis le jour de la fête de la liberté en avez savouré les douceurs, et n'avez cessé de jurer d'êtres libres, pourquoi laissez-vous subsister encore autour de vous et presque sous vos yeux des monuments anciens de despotisme et d'esclavage ? Entendez-vous les cris plaintifs des victimes qui furent renfermées dans cette prison infernale connue sous le nom de *Cage de fer* construite par l'ordre d'une âme atroce, d'un cœur barbare et d'un sanguinaire et exécrable despote ?

---

1. Contrairement à la tradition, nous pensons que la cage La Balue était placée dans la grande salle de la Tour, et non dans le soubassement voûté en coupole que l'on montre aujourd'hui. Belleforêt (1575) et Dubuisson (1635), qui l'ont vue, l'indiquent clairement. Nous croyons que ce soubassement, peu propre à la garde du prisonnier, servait plutôt de magasin ; un moulin paraît y avoir été établi, d'après un titre que nous citerons bientôt.

Certes la Société patriotique de Loches séante au Château ne tardera pas, en suivant les formes, de faire réduire en cendre ce monument qui inspire l'horreur et l'effroi.

» Je fais en conséquence la motion que tous les membres de cette Société patriotique prient la Municipalité de cette ville d'écrire au Comité d'aliénation des biens nationaux, à l'effet d'obtenir une autorisation pour abattre et mettre en pièces la prison connue sous le nom de *Cage de Fer*, renfermée dans une triple prison de l'une des tours de ce château, pour en vendre le fer au profit des veuves et des orphelins des vainqueurs de la Bastille, et pour brûler, dans le feu-de-joie du 14 juillet 1791, le bois qui entre dans sa construction. Je demanderai pour lors que les cendres en soient jetées au vent, afin qu'il ne se conserve plus, s'il est possible, de cette *Cage de Fer*, ni reste ni mémoire. »

Après ce splendide morceau d'éloquence M. l'abbé Potier proposa un amendement qui fut adopté à l'unanimité, et rédigea séance tenante, dans le même langage barbare et emphatique, la pétition suivante adressée à MM. de la municipalité :

« Messieurs,

» L'Assemblée Nationale, en rendant au Peuple françois sa liberté usurpée depuis tant de siècles, a pensé qu'il ne falloit pas même que des souvenirs fâcheux pussent troubler la jouissance d'un bien si précieux. Elle a, en conséquence, applaudi avec les bons Citoyens au renversement des murs de la Bastille ; elle a ordonné que les statues qui déshonoroient la place des Victoires, fussent enlevées.

» Des monumens non moins affligeans sont encore et la honte de nos pères et la terreur du siècle actuel. Il peut renaître des tyrans : ne laissons donc subsister aucun des instrumens qu'inventa leur barbare fécondité dans l'art de tourmenter les hommes.

Il faut des prisons qui soient l'effroi des scélérats et la sûreté des Citoyens. Mais par l'article VIII des droits de l'homme, *la loi ne doit établir que les peines qui sont strictement et évidemment nécessaires;* et par l'article IX *toute rigueur qui ne seroit pas nécessaire pour s'assurer d'un homme déclaré coupable doit être sévèrement réprimée par la loi.* Ces deux points fondamentaux de la constitution heureuse sous laquelle nous allons vivre aboliroient de droit l'affreuse coutume de la question, si l'âme sensible de notre bon ROI ne l'avoit pas proscrite depuis long-temps. Ils commandent aussi impérieusement l'anéantissement de ces prisons infernales connues sous le nom de *Cage de Fer* dont l'idée ne pouvait germer que dans l'âme atroce et sanguinaire du plus vil, du plus exécrable de tous les despotes, et qui ne devint le bourreau de son peuple qu'après avoir empoisonné les derniers jours de son père.

» D'après ces raisons la Société patriotique et littéraire séante au château, que vous avez honoré de vos suffrages, estime que la ville, par l'organe de ses Officiers-Municipaux, doit solliciter promptement la destruction de ces horribles monuments de la tyrannie; entr'autres de celui qui feroit son opprobre s'il ne lui fournissoit pas l'occasion de donner, la première peut-être, un grand exemple de patriotisme, et de zèle à entrer dans l'esprit de la constitution.

» La Société nous a député vers vous, Messieurs, pour vous faire la pétition expresse de vous adresser au comité d'aliénation des domaines nationaux, pour être autorisés à briser la Cage de Fer renfermée dans une des tours du château de cette ville; à en donner le bois à deux ou trois familles des plus pauvres de cette paroisse, à l'exeption de quatre morceaux qui seront réservés pour être consumés dans le feu-de-joie du 14 juillet prochain, et à verser dans la caisse du bureau de charité le produit de la vente du fer qui entre dans sa construction.

» M. l'abbé Pottier a proposé d'envoyer un exemplaire de cette pétition à la Municipalité de la ville d'Angers dont le château renferme aussi une CAGE DE FER. La motion mise aux voix est adoptée. »

Revenons à La Balue.

Après trois ans de séjour à Loches, il fut transféré à Montbazon sous la garde de Jean d'Estouteville, seigneur de Torcy et de Montbazon, grand maître des arbalestriers de France. Là sa captivité fut probablement moins étroite qu'à Loches; nous croyons surtout qu'il n'était plus question de cage de fer ; Robert Duval, chanoine de Chartres, son bibliothécaire, lui écrivait à sa sortie de prison une lettre où l'on voit que le cardinal avait une liberté relative, qu'il avait, malgré la vente de sa bibliothèque, conservé quelques livres, et qu'il consacrait à l'étude de longues heures de sa prison : « Votre captivité vous a donné lieu de lire toute la Bible et tout le décret de Gratien, de méditer sur la philosophie morale, d'apprendre presque par cœur toutes les histoires anciennes et modernes. Durant plus de dix ans, vous avez donné régulièrement neuf heures à l'étude tous les jours ; et tandis qu'on vous croyait le plus malheureux des hommes, vous aviez l'avantage de préparer votre esprit à de plus grandes choses que celles qui vous avaient occupé jusqu'alors. » *(Histoire de l'Église gallicane.)*

En dépit de la lecture assidue de la Bible et du décret de Gratien, en dépit de toutes ses méditations sur la philosophie morale, la nature énergique et remuante de cet homme qui aimait à passer des revues militaires, et qui avait souvent payé de sa personne dans les troubles de la rue, supportait

PLANCHE V

UNE PORTE DE PRISON

mal une réclusion déjà longue de dix années. Il avait été, nous ne savons à quelle époque, transféré à Chinon, où le roi faisait sa résidence. En 1480, sa santé paraissait fort ébranlée ; un médecin venait de Tours pour lui donner des soins.

« A Maistre Chrestien Castel, médecin, la somme de 80 l. 4 s. 2 dt., en 50 escus d'or que le roy lui a donnés et ordonnés, en faveur de plusieurs voyages qu'il a faits par l'ordonnance et commandement dudit seigneur, durant le mois d'avril, partant de Tours pour aller à Chinon, pour aller veoir et visiter le cardinal Ballue et aultres qui estoient mallades. » (Cimber et Danjou, Comptes de Louis XI.)

Cette même année, au mois de mars, Louis XI avait été frappé d'une première attaque de paralysie aux Forges, près de Chinon. La crainte de la mort et les supplications de Commines, d'Imbert de Bastarnay, comte du Bouchage, et du cardinal légat Julien de la Rovère, qui fut depuis pape sous le nom de Jules II, firent que le roi se relâcha de sa rigueur ; La Balue sortit de prison.

Le 20 décembre, le grand bateau du roi monté par quinze nautonniers vint le prendre à Maillé (Luynes), et le conduisit en remontant la Loire jusqu'à Orléans. Le voyage dura douze jours.

Peu après, par un singulier retour de fortune, La Balue était à la cour de Rome comblé de nouveaux honneurs. Louis XI lui avait rendu toute sa confiance, le Pape le nommait successivement évêque d'Albano et de Preneste, protecteur de l'ordre de Rhodes, légat de la Marche d'Ancône.

En 1484 il revenait en France comme légat du Saint-Siège, mais il ne fut pas reçu par la cour de Parlement, et ne jouit pas de sa légation (Lestoile), les États Généraux assemblés à Tours ne voulurent point l'admettre à faire partie de l'assemblée. Cependant sa présence et ses négociations influèrent grandement sur les résolutions prises par le clergé. — Il resta jusqu'à la fin l'agent actif et dévoué de Charles VIII près la cour de Rome. Il mourut en 1491, et fut inhumé dans l'église Sainte-Praxède. On lisait sur son tombeau l'épitaphe suivante :

D. O. M.
IOHANNI CARDINALI ANDEGAVENSI, EPISCOPO ALBANENSI.
HIC HEROS PROSPERA ET ADVERSA VARIA USUS FORTUNA
IN PICENO SUB INNOCENTIO OCTAVO LEGATUM AGENS
SEPTUAGENARIUS GLORIOSE OBIIT
INFELICITATIS HUMANAE ET FELICITATIS EXEMPLUM
MEMORABILE.
ANTONIUS EPISCOPUS VETERIS AMICITIAE
MEMOR POSUIT.

Vers la fin d'octobre 1472, le seigneur de Beaujeu, envoyé en Guyenne par le roi, se laissa prendre avec plusieurs seigneurs de sa suite dans la ville de Lectoure, par le comte d'Armagnac. Celui-ci délivra les compagnons du seigneur de Beaujeu, mais persista à le retenir prisonnier. Le roi, toujours soupçonneux, accusa ceux qui avaient obtenu leur liberté d'avoir trahi son envoyé et les fit emprisonner à Loches ; puis il envoya des troupes s'emparer de Lectoure. Pendant que l'on traitait de la reddition, la ville fut incendiée et livrée au pillage, et le comte d'Armagnac, tué. — Un des prisonniers de Loches, ancien serviteur du seigneur de Beaujeu, nommé Jacques Deymer ou Deynner, fut écartelé à Tours, après avoir confessé qu'il avait été traître au roi et à son maître. *(Chronique scandaleuse.)*

La mort du comte d'Armagnac délivrait le roi d'un ennemi dangereux. Mais ceux qui survivaient étaient nombreux encore. A voir cette lutte acharnée et sans merci de tous les grands feudataires entre eux et contre le roi, sans vouloir excuser cette longue série de crimes et d'atrocités qui fait du règne de Louis une des plus sombres époques de notre histoire, on ne peut s'empêcher de penser à cette lutte pour l'existence, *self preservation,* dont les théories ont été développées de nos jours par le savant Darwin. Louis XI était le plus fort. Il avait pour mobile, sinon pour excuse, une idée politique puissante, un but déterminé : l'unité de la France et la suprématie de la couronne. Chez ses ennemis, la grande idée, le but élevé font défaut. Ils n'agissent que pour leur ambition personnelle et étroite. Le roi avait pour lui la popularité, la ruse et la force. Aussi peu scrupuleux que ses ennemis, il n'hésitait pas à se servir de l'arme qu'il avait dans la main, cette arme fût-elle l'épée du soldat ou la hache du bourreau : la royauté triompha.

Après le comte d'Armagnac, ce fut le tour de son beau-frère le duc d'Alençon. Celui-ci avait déjà subi l'hospitalité royale au château de Loches, en 1456; à son avènement, Louis XI, dont il était le parrain, lui avait rendu ses biens et sa liberté. Loin d'être reconnaissant, le duc d'Alençon avait été, avec le comte d'Armagnac, l'un des chefs les plus ardents de la Ligue du Bien public, et il entretenait encore des intelligences avec le duc de Bourgogne, pour lui vendre ses places fortes de Normandie, ce qui eût permis à Charles le Téméraire de se joindre au premier jour avec son allié, le duc de Bretagne. Le roi, s'étant procuré les preuves de sa trahison, le fit arrêter à Bressoles et conduire de nouveau au château de Loches, dans la cage que le cardinal venait de quitter. Le 16 juin 1473, il le fit transférer au Louvre, et le 18 juillet de l'année suivante, par un arrêt rendu sous la présidence du chancelier d'Oriole, Jean le Bon, duc d'Alençon, fut condamné à mort pour la seconde fois et ses biens furent confisqués.

Il s'en fallut de bien peu que le roi ne vît pas l'issue de

ce procès ; au mois d'août 1473, au château même d'Alençon, pendant qu'il traversait le pont-levis, une énorme pierre tomba du haut d'une tour sur une de ses manches et mit ses jours en grand danger.

Le duc d'Alençon fut cependant assez heureux pour obtenir sa grâce encore une fois. En 1475, le roi, désirant lui témoigner quelque douceur, le fit sortir de la grosse tour du Louvre et le logea dans la maison d'un bourgeois de Paris pour être sous une garde plus libre, et avec espérance d'un plus doux traitement et d'une pleine délivrance. Mais il mourut l'année suivante.

A quelques années de là, Jean d'Armagnac, duc de Nemours, et Pierre de Luxembourg, connétable de Saint-Pol, que le roi ne perdait pas de vue parce qu'il avait fait partie de la Ligue du Bien public, payèrent de leur tête leurs intrigues et leurs intelligences avec la cour de Bourgogne.

Jean de Sainte-Maure, seigneur de Nesle et de Montgaugier, fut également détenu au château de Loches pour avoir essayé de faire évader Jean de Sarrebruck, comte de Roucy, que Louis XI y avait fait constituer prisonnier cette même année sur quelques soupçons qu'il prit de sa fidélité. Le comte de Roucy devint plus tard maréchal de Bourgogne.

Mais si Louis XI « auprès duquel il faisait dangereux », voyait les victimes de son esprit défiant se réfugier à la cour de son plus mortel ennemi, il eut la consolation d'attacher à son service Philippe de Commines. Leurs premières relations dataient de cette terrible entrevue de Péronne, et le rusé monarque avait, dans ce moment critique, ébauché à l'adresse du Bourguignon une petite tentative de séduction qui porta ses fruits. Commines abandonna tout à coup, en 1472, le service de Charles le Téméraire, et vint à la cour de

France. Le roi, qui se connaissait en hommes, l'accueillit avec empressement. Commines se vit aussitôt comblé d'honneurs et de biens. Seigneur d'Argenton (octobre 1472), sénéchal de Poitou, commandant du château de Chinon (1476), il prenait, en 1477, sa bonne part dans les biens confisqués sur le comte d'Armagnac. Il avait épousé, en novembre 1473, Hélène de Chambes, dame de Montsoreau, qui lui apporta une dot considérable et des alliances avec les principales familles du Poitou.

Après la mort de Louis XI, Commines perdit beaucoup de la grande faveur dont il avait joui auprès de ce prince. Son esprit souple et peu scrupuleux le portait naturellement à l'intrigue ; il ne craignit pas de s'engager dans une ligue formée contre Anne de Beaujeu, et de vendre au duc de Bretagne les secrets de la cour de France, comme il avait vendu à Louis XI les secrets de la cour de Bourgogne. Les preuves de sa trahison tombèrent entre les mains de la régente : arrêté avec Geoffroy de Pompadour, grand-aumônier de France, et Georges d'Amboise, évêque de Montauban, il fut conduit au château de Loches, et enfermé dans une cage à prisonniers, « rigoureuses prisons, couvertes de pattes de fer par le dehors et par le dedans, avec terribles ferrures, de quelques huit pieds de large, de la hauteur d'un homme et un pied de plus. Le premier qui les devina fut l'evesque de Verdun, qui en la première qui fut faicte fut mis incontinent, et y a couché quatorze ans. Plusieurs, depuis, l'ont maudit, et moi aussi qui en ai tasté soubs le roy présent huict mois ». C'est là qu'il commença, dit-on, la rédaction de ses mémoires. Tout en disant qu'il ne garde pas rancune au roi, il ne peut retenir un trait malin contre celui auquel il devait cette rude correction; et il le déclare « petit homme de corps et peu entendu ; mais estoit si bon qu'il nest point possible de veoir meilleure créature... et croy que j'ai esté l'homme du monde a qui il a faict le plus de rudesse. Mais congnoissant que ce fut en sa jeunesse et qu'il ne venoit point de luy, ne luy en sceus jamais mauvais gré ». La prison le rendit prudent, si nous en croyons la tradition qui lui attribue l'inscription suivante écrite au sommet de l'escalier de la tour :

DIXISSE. ME. ALIQVANDO. PENI-
TVIT, TACVISSE. NVNQVAM.

VII

LE MARTELET. — LE CACHOT DE LUDOVIC SFORZA.

EN face de la Tour Ronde est un bâtiment qu'on appelle le Martelet.

D'après certains auteurs il aurait été construit par Louis XII pour loger le duc de Milan Ludovic Sforza. Mais les dates de 1417 et 1451 que nous retrouvons dans les souterrains prouvent que les soubassements au moins existaient déjà au commencement du XV° siècle.

En montant quelques marches, on arrive dans une grande salle autrefois voûtée. Deux fenêtres donnent d'un côté sur la cour intérieure, de l'autre sur la campagne et les fossés. Dans l'embrasure de cette dernière les murs n'ont pas moins de 2^m 50 d'épaisseur.

Cette première salle pouvait servir de corps de garde pour la surveillance des cachots et magasins qui se trouvaient au-dessous. Elle était même assez spacieuse pour faire un logement digne du capitaine ou de quelque officier du château.

Près de l'escalier, les murs sont couverts de plusieurs belles inscriptions, bien effacées aujourd'hui. La principale peut se reconstituer à l'aide de quelques mots encore lisibles ; c'est un texte de saint Paul :

IN OMNIBUS TRIBULATIONEM PATIMUR, SED NON ANGUSTIAMUR ; APORIAMUR SED NON DESTITUIMUR ;
PERSECUTIONEM PATIMUR, SED NON DERELINQUIMUR ; HUMILIAMUR SED NON CONFUNDIMUR ; DEJICIMUR SED NON PERIMUS.

(2° aux Corinthiens, IV, 8, 9.)

Les mots HUMILIAMUR SED NON CONFUNDIMUR ont été ajoutés au texte sacré. Ce n'est point une main vulgaire qui a tracé en caractères élégants et corrects cette fière protestation, pleine d'un menaçant défi :

« En toutes choses nous souffrons la tribulation, mais nous ne sommes pas écrasés ; nous sommes amoindris, mais non pas anéantis ; persécutés, mais non pas abandonnés ; humiliés, mais non pas confondus ; nous sommes terrassés, mais nous ne périssons pas ! »

En descendant 27 degrés d'un escalier en spirale et laissant de côté une chambre qui n'offre aucun intérêt, nous sommes au cachot du célèbre Ludovic Sforza.

Sorti d'une race de parvenus qui s'était hissée par la bâtardise des femmes au trône ducal de Milan, et qui avait fini par jeter ses branches jusque dans les maisons royales, Louis-Marie Sforza, plus connu sous le nom de Ludovic le Maure, était le second fils de François, bâtard d'un paysan de Cottignolle devenu soldat, et de Blanche-Marie, bâtarde de Philippe Visconti [1].

Son frère aîné, Galéas-Marie, duc de Milan par droit

---

1. Le nom originaire des Sforza était Attendula.

d'héritage et de conquête, avait épousé Bonne de Savoie, ce qui le faisait beau-frère de Louis XI.

En mourant il laissait un fils, Jean-Galéas-Marie, qui devait lui succéder sous la tutelle du conseiller d'État Celus Simonetta. Ludovic s'empara de la tutelle de son neveu, fit trancher la tête au vieux Simonetta, et contraignit sa belle-sœur à se réfugier près du roi de France. Jean-Galéas-Marie mourut en 1494 d'un poison lent que Ludovic lui avait fait donner. Il laissait aussi lui un fils, François, que sa mère, Isabelle d'Aragon, ne crut pouvoir sauver qu'en l'envoyant en France. L'héritier du duc de Milan fut placé dans le monastère de Marmoutier, dont il devint abbé; mais plus propre, ainsi que tous ceux de sa race, aux exercices guerriers qu'aux austérités du cloître, il mourut d'une chute de cheval dans une partie de chasse, sans laisser des souvenirs bien édifiants. Ludovic alors s'empara sans conteste de l'héritage de son neveu.

Tel était l'homme que Louis XII, héritier du Milanais par son aïeule Valentine Visconti, venait de voir tomber entre ses mains à la bataille de Novare, et qu'il se croyait, peut-être avec raison, en droit de traiter à la fois comme un assassin et un voleur d'héritage, comme un ennemi politique et privé.

Et cependant, par un de ces contrastes violents assez ordinaires dans les natures supérieures, Ludovic avait les qualités qui font les grands princes. Il aimait les arts, et sous sa vigoureuse impulsion, les sciences reprirent une nouvelle vie; dans sa période de prospérité, il avait enrichi Milan des œuvres immortelles de Léonard de Vinci et de Bramante; il avait creusé à Novare ce canal de *la Mora* qui porte son nom, et grâce auquel le Novarais et la Lomelline sont aujourd'hui de riantes et florissantes provinces; poète lui-même à ses heures, il avait peuplé sa cour de poètes, de savants, d'artistes, de grammairiens, qui le regardaient comme leur Mécène.

Toute cette grandeur s'était écroulée dans la fatale matinée du lundi de Pâques 1500. Trahi par les mercenaires suisses de son armée sous les murs de Novare, Ludovic fut reconnu lorsqu'il essayait de s'échapper, confondu parmi les soldats, sous le costume d'un fantassin, la hallebarde sur l'épaule. Il se constitua prisonnier entre les mains du comte de Ligny, son parent, qui servait dans l'armée française.

On l'enferma d'abord au château de Novare, où il demeura du 10 au 15 avril sous la garde de M. de Ligny. Puis, mis aux mains de La Trémouille, il dut prendre la route de France. En passant par Asti, la populace l'accabla d'injures, criant sur son passage : *Mora il Moro!* Meure le Maure ! Brisé par tant d'émotions, il tomba dans un tel état de langueur et d'épuisement, qu'on fut obligé de suspendre le voyage, et de s'arrêter à Suse pour lui permettre de reprendre quelques forces.

Arrivé en France, il fut envoyé à Pierre-Encise, dans cette prison où Louis XII, quand il était encore duc d'Orléans, avait été mis par Charles VIII, après la bataille de Saint-Aubin-du-Cormier. Là, il parvint à corrompre ses gardiens et tenta de s'évader; il y réussit, dit-on, en se cachant dans une charrette pleine de paille ; son ignorance des lieux le fit reprendre. Pour lui ôter toute possibilité de fuite, on le transféra dans la tour du Lys-Saint-Georges, ou grosse tour de Bourges, où il resta quatre ans [1] sous la

---

1. Nous avons cependant trouvé, en marge d'un vieil inventaire déposé aux archives de Loches, cette mention : « Au dit an 1501, Ludovic Sforce fut amené de la grosse tour de Bourges, et conduit à Loches. »

garde la plus sévère ; puis, sur de nouveaux soupçons sans doute, il fut amené à Loches et enfermé dans le cachot qui porte encore son nom [1].

Les précautions et les rigueurs dont il fut l'objet sont justifiées par l'importance du prisonnier. C'était un captif singulièrement précieux et un ennemi redoutable, ce prince qui avait tenu si longtemps en échec les armes françaises, et duquel on avait pu dire dans une chanson populaire :

Christo in cielo, e il Moro in terra
Sol sa il fin di questa guerra [2].

Là, dans l'humide et sombre cachot où le jour ne pénètre qu'à travers un mur de huit pieds d'épaisseur par une fenêtre de trois pieds carrés à double grillage, le soldat vaincu, le prince qui avait fait construire des palais, qui avait goûté les jouissances du rang suprême, de la richesse et des arts — seul, sans conseils, presque sans lumière, — choisit pour combattre le chagrin qui le ronge, le moyen le plus extraordinaire, le plus étranger à ses habitudes, le plus difficile, nous allions dire le plus impossible dans sa situation, — il se fait peintre. — Ses yeux s'habituent à l'obscurité ; il obtient des couleurs, des pinceaux, des échelles ; le soldat devient artiste, et il jette sur les murs sombres de son cachot une composition bizarre, originale, pleine de grandeur et de caractère.

[1]. Ces détails sont tirés d'un excellent livre de M. Antonio Rusconi, avocat à Novare: *Lodovico il Moro e sua cattura in Novara*.

[2]. Un vieux poème, reproduisant la même pensée, le faisait parler ainsi dans sa prison :
Son quel Ducha di Milano
Che col pianto sto in dolore...
Io diceva que un sol Dio
Era in cielo, e un Moro in terra ;
E seconda il mio disio
Io faceva pace e guerra.

Ne croyez pas qu'il va retracer les faits d'armes dont il fut le héros autrefois, les batailles qu'il gagna. Sa main vaillante, habituée à manier l'épée, mais inhabile au dessin, saurait mieux conduire les soldats au combat que les aligner dans une peinture ; mais il exprimera tout autour de lui le sentiment qui le domine, qui le brise, le regret de sa couronne et de sa liberté perdues, et il s'écriera comme le Dante :

> Il n'y a au monde si grande detstresse
> Du bon tempts son souvenir ey la tristesse (1).

Dans ce peintre improvisé se révèle du premier coup l'homme habitué aux grandes choses. Pas d'hésitation, pas de mièvreries. Cette décoration, — car c'en est une vraiment, et des plus belles, — est exécutée dans un style grandiose, plein de hardiesse et d'énergie.

Empressons-nous de décrire ce qu'on en voit encore, car le salpêtre en détruit tous les jours une partie, et ses efflorescences cristallines recouvrent les murs qui tombent en poussière avec les précieuses peintures.

C'est la cheminée qui fut, croyons-nous, le premier objectif de ses ornementations. Comme aux larges manteaux des vieux foyers gothiques, au lieu du blason féodal, il plaça son portrait, plus grand que nature, casque en tête

---

1. Ces deux vers sont une traduction de ce passage du Dante :
Nessun maggior dolore
Che ricordarsi del tempo felice
Nella miseria.
Ils sont placés dans la chambre au-dessus du pont-levis, mais ils nous paraissent de Sforza ; nous retrouvons là des inscriptions de lui, entre autres les mots mystérieux SAV SAN (dont nous parlerons plus loin), renfermés dans un cœur, et au milieu la lettre F. Le cœur aussi se retrouve dans les peintures du cachot. — Il est à remarquer que toutes les inscriptions attribuées au duc de Milan sont en français.

comme un jour de bataille, la visière levée. Les traits énergiques de ce profil, le nez aquilin, le menton proéminent, la lèvre inférieure légèrement avancée dans un rictus dédaigneux, nous peignent l'homme tout entier.

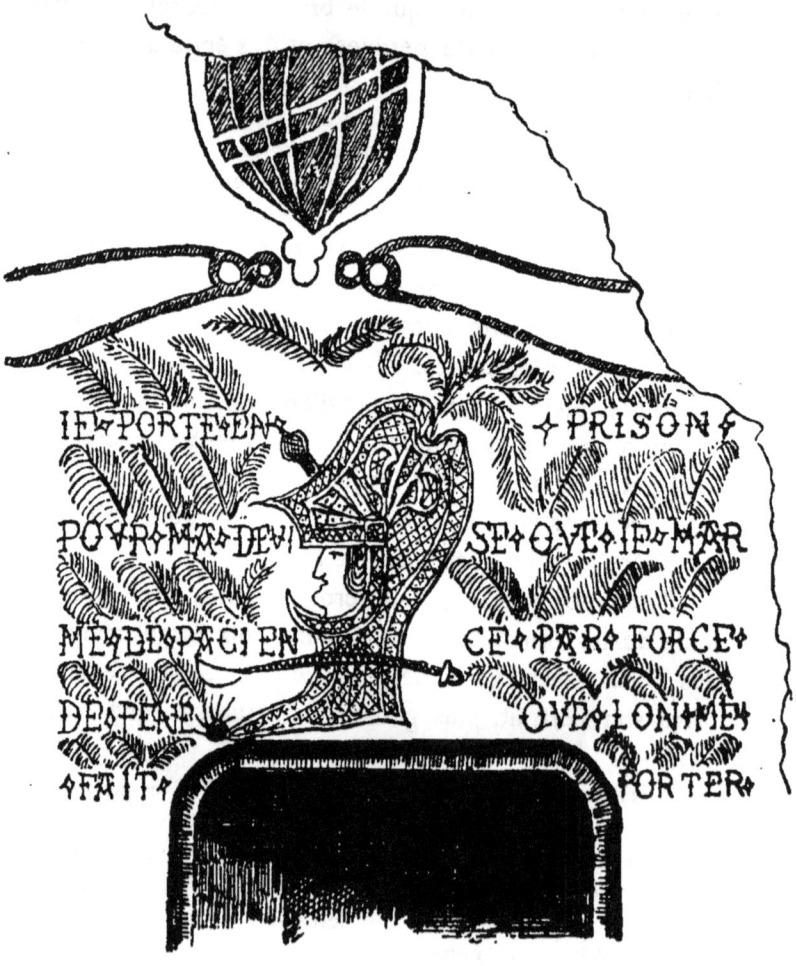

Dans les intervalles des lignes sont rangées des pennes ou plumes ; les pennes aussi couronnent le cimier de son casque. Cette devise est bien conforme aux règles et à l'usage. On y retrouve le double sens des mots *peine* et *penne*, *sforce* et *force*. Le mot *pacience* paraît faire allusion à cet objet posé horizontalement à la base du casque, dont nous n'avons pu préciser la nature, et qui devait autrefois porter un nom analogue à celui de *patience*.

Mais cette inscription incolore gravée au couteau ne lui suffit pas. Pour abréger les longues heures que lui mesure d'un pas tardif son cadran, — un clou planté en face de la fenêtre, — il entreprend d'étendre sur ces murs froids des fresques italiennes, des peintures *moresques* qui lui cacheront l'horreur de la prison sous les souvenirs de ses palais.

Cet étroit espace qui est désormais son univers, il le mesure, trace de grandes lignes du sommet de la voûte au ras du sol, et, sa pensée bien arrêtée, il se met à l'œuvre.

Trois couleurs lui suffisent, les plus simples et les plus communes, l'ocre jaune, le brun rouge, le bleu presque noir. Le blanc du mur formera une quatrième couleur.

La disposition du sujet est aussi simple que les matériaux employés sont élémentaires. Du milieu de la voûte, il a divisé horizontalement le pourtour des murs en deux parties : la première s'arrête au point où les parois prennent la direction verticale. La seconde descend de ce premier point jusqu'au niveau du sol. Ces deux divisions principales sont accentuées par de grosses cordelières à nœuds dessinées en traits rouges et bleus.

A la partie supérieure qui occupe toute la voûte, on voit encore, peintes directement sur la pierre, de grandes lettres jaunes, dont les vides sont remplis par un semis d'étoiles bleues. On y lisait, il y a deux siècles, d'après Dubuisson :

ENCORE ET A MON ADVISE....

Un peu au-dessous, après une ligne disparue, un nouveau portrait de Ludovic, avec son casque gigantesque peint en rouge losangé de filets blancs, la visière levée, et ce même profil que nous avons vu au-dessus de la cheminée, mais avec l'expression plus dure et plus dédaigneuse encore ; et de chaque côté de la tête ces deux mots en grandes lettres jaunes sur semis d'étoiles bleues :

CELVI QVI

L'espace lui manquant, il a complété sa pensée en caractères plus petits disposés sur trois lignes :

NET

PAS CO

NTAN

Au-dessous s'étend comme un trait la cordelière rouge et bleue.

La surface verticale du mur est peinte dans une gamme plus vigoureuse ; c'est comme une tapisserie plus chaude et plus enveloppante. Elle est divisée en trois bandes. Dans la première les lettres sont bleues sur fond blanc, avec semis d'étoiles rouges ; dans la seconde, étoiles jaunes sur fond bleu, lettres blanches ; la troisième est comme couleur la répétition de la première, lettres bleues sur fond blanc, avec étoiles rouges. On lit dans ces trois lignes :

A. FORTVNE. IE. NE. PAS .
E. SIE. PLAINDRE. ME. DO   DE
ETOVT. PERDV.

Dans un angle, de grandes cisailles qu'on appelle des *forces*, peintes en bleu, sont pour ainsi dire les armes parlantes de Ludovic, et ne laissent désormais aucun doute sur le nom de l'auteur et sur l'authenticité de cette œuvre remarquable.

On voit encore, dans tout le pourtour de la chambre, des traces de cette décoration. Le portrait et la cordelière s'apercevaient, il y a peu de temps, sur le mur du fond ; ils devaient exister aussi du quatrième côté, mais le salpêtre a tellement endommagé cette partie que l'on peut à peine distinguer aujourd'hui une trace de peinture rouge.

On lit, à l'imposte de la fenêtre, en petits caractères rouges :

D'autres dessins se retrouvent aussi dans le privé attenant au cachot. A gauche, un objet dont il est impossible aujourd'hui de reconnaître la forme, entouré de canons et accompagné en chef de deux cœurs. A droite, un cerf couché portant entre les cornes les lettres mystérieuses SAV SAN. Ce dernier dessin, nous devons le dire, est assez médiocre, et nous montre que Ludovic a été bien inspiré en se maintenant dans les limites de la grande peinture décorative, et en se tenant à distance respectueuse de ce qu'on appelle le dessin d'imitation.

La captivité du duc de Milan fut longue. Cependant il ne resta pas toujours enfermé dans ce cachot. Belleforêt qui, suivant Dufour, paraît avoir travaillé sur des mémoires fort exacts, dit qu'après avoir été tenu « en une chambre souterraine voutée et close d'un huis de fer, il fut mis en liberté soubz la garde de quelques soldats écossois ». Il habitait sans doute alors une chambre haute de la Tour Ronde, dans la partie écroulée. On retrouve là des inscriptions évidemment de sa main, avec la cordelière et les mots SAV SAN. Elles ne sont point peintes, mais gravées profondément dans la pierre ; elles ont toute la hardiesse et le grand caractère des peintures du cachot.

Les documents relatifs à l'illustre captif sont trop rares pour que nous puissions nous dispenser de citer fidèlement ceux qui nous ont été conservés. Nous regardons comme des plus précieux les vers suivants, qui paraissent faire allusion à une entrevue souvent sollicitée par le prisonnier, et refusée par Louis XII :

JE.MEN.REPENS.CELA.NE.VAVLT.RIEN.
CAR.IAI.VOVLV.IONDRE.MON.CVEVR.AV.TIEN.
POVR.MON.PLAISIR.ET.TV.LVI.FAICTZ.LA.GVERRE.
SI.NE.TE.DOIS.DESORMAIS.PLVS.REQVERRE.
QVANT.VOVLENTE.ME.FAIRE.AVLCVN.BIEN.
TROP.DE.PEINE.EVX.A.TROVVER.LE.MOIEN.
PARLER.A.TOI.CHERCHANT.TON.ENTRETIEN.
QUE.IAI.TROVVE.DIFICILE.A.CONQVERE.

D'autres inscriptions se voient encore sur ce mur en ruine, mais tronquées et ne présentant plus de sens. Nous renvoyons ces fragments avec quelques autres à la fin du volume.

Nous ne savons pas autre chose de la captivité du duc de Milan. Grumello, écrivain contemporain, dit qu'il avait pour compagnon François de Pontremolo, pour lequel il avait une affection particulière : il est certain que Louis XII s'était peu à peu relâché de ses rigueurs.

Cependant la santé de Sforza devenait plus chancelante. Cette longue prison sans espoir avait lentement miné ses forces. Peu de temps sans doute avant sa mort il écrivait encore sur le mur ces vers que nous avons eu le bonheur de découvrir tout récemment :

QUANT.MORT.ME.ASSAVLT.ET.QVE.IE.NE.PVIS.MOURIR.
ET.SECOVRIR.ON.NE.ME.VEVLT.MAIS.ME.FAIRE.RVDESSE.
ET.DE.LIESSSE.ME.VOIR.BANNIR.QVE.DOIS.JE.PLVS.QVERIR.
JA.NEST.BESOIN.MA.DAME.REQVERIR.POVR.ME.GVERIR.
NE.POVRCHASSER.AVOIR.AVTRE.
MAITRESSE.

Enfin, le 18 mars 1508, selon Castellar, il mourut après avoir dicté son testament que l'on conserve aux archives de l'État, à Milan. Il fut enterré, dit le même auteur, avec tous les honneurs dus à un prince. L'église collégiale du château reçut sa dépouille mortelle. Cependant sa sépulture est tellement oubliée qu'on ne saurait aujourd'hui en désigner l'emplacement. D'après une tradition qui ne paraît pas très certaine, elle se trouvait au bas du grand crucifix placé autrefois sur une poutre à l'entrée du chœur. Dubuisson, dans la relation de son voyage à Loches, dit au contraire : « Au costé septentrional de l'église est la chapelle Saint-Maurice, et de suite plus bas celle du Saint-Sépulchre de Notre-Seigneur, où est sans aucune marque, mais par tradition constante enterré Ludovic Sforze et non pas devant le crucifix, comme le veut Duchesne. »

En 1876 on trouvait au Grand-Pressigny, dans l'arrondissement de Loches, une médaille de Galéas Sforza. L'avers représente le duc revêtu d'une cuirasse ; autour de la tête on lit : GALEAS M. SF. VICECOS. DUX. MIL... Le profil de Galéas-Marie a une certaine ressemblance, un certain air de famille avec celui de son frère Ludovic. Au revers est un casque orné d'une couronne de duc et surmonté d'une guivre tenant un enfant dans sa gueule. Au-dessous l'écusson des ducs de Milan, *d'argent à une guivre d'azur couronnée d'or, à l'issant de gueules.* De chaque côté de l'écu, une plante portant deux seaux ou paniers; pour devise: CO. AG. JANVE. D. P. P. NGLE. O 3. Le mot JANVE paraît faire allusion aux droits des ducs de Milan sur la ville de Gênes. Cette monnaie doit avoir été frappée entre l'avènement et la mort de Galéas-Marie, c'est-à-dire de 1466 à 1476.

Il est probable qu'elle a été rapportée en France par des prisonniers ou par des soldats revenant d'Italie. René de Savoie, comte de Villars et baron du Grand-Pressigny, avait accompagné Louis XII dans ses campagnes. Il était entré à la suite du roi à Gênes, en 1502; il assistait à la bataille de Marignan à côté de François Ier, et mourut d'une blessure reçue à Pavie, où il avait été fait prisonnier, en 1525. Peut-être un des compagnons de Ludovic fut-il ramené et enfermé quelque temps au château de Pressigny. Mais cette monnaie ne saurait, comme on l'a prétendu, être attribuée à Ludovic Sforza.

Nous n'avons pu découvrir, ni dans le nécrologe de Notre-Dame de Loches, ni dans les anciens titres de l'église, aucune mention de prières ou de services commémoratifs pour Ludovic Sforza. Ses cendres dorment oubliées sur le sol étranger, et pas même une pierre n'indique au passant où reposent les os de celui qui fut le duc de Milan. Un humide et sombre cachot, des peintures qui s'effacent, quelques lignes creusées dans un mur qui tombe ou que le badigeon recouvre, sont les seuls monuments destinés à perpétuer la mémoire du prince qui fut tour à tour guerrier, peintre, littérateur, et dont la gigantesque figure serait assez grande pour remplir de son souvenir toute la prison de Loches, si d'autres, illustres aussi, ne l'y avaient précédé ; si d'autres, illustres encore, n'avaient dû l'y suivre.

VIII

LES SOUTERRAINS.

A u-dessous du cachot de Sforce, en est un autre encore plus obscur, et qui ne prend sa lumière qu'à travers l'escalier. On le nomme le cachot de l'Oubliette, à cause d'une ouverture qui se trouvait dans le sol et descendait à l'étage inférieur, dans le souterrain. Nous dirons bientôt ce que nous pensons des oubliettes du château de Loches. On l'appelle aussi le cachot de Guillemet, d'une inscription en petits caractères gothiques écrite sous l'étroite fenêtre :

Ce mot *esloe* a souvent mis en déroute l'imagination et la sagacité des antiquaires. Il nous paraît signifier simplement *renfermé*, du vieux mot *estoer, estoier*, mettre dans un étui, *estoi*.

Ce cachot n'a rien d'intéressant que sa porte assez bien conservée, un vrai type de porte de prison, munie de bandes de fer et de serrures à donner le frisson. Tout autour des murs un prisonnier a écrit alternativement sur chaque pierre, à hauteur d'homme, les mots *Jhesus Maria*. Une croix sculptée au couteau se voit en face de la fenêtre.

Quelques pas encore, et nous sommes dans les souterrains. Nous devons l'avouer, ce n'est pas sans une certaine hésitation que nous abordons cette partie de notre travail. Il nous en coûte de porter une lumière profane dans cette ombre mystérieuse, et de dépouiller les oubliettes de leur vieille réputation de ténébreuse horreur. Nous nous souvenons encore du temps où nous frémissions au récit de ces vieilles légendes, lorsqu'on nous montrait la place où se trouvaient ces ouvertures terribles, avec des roues garnies de pointes, de poignards, de lames de rasoirs, etc., sur lesquelles on précipitait un homme... Son cadavre allait tomber dans de la chaux vive, où il disparaissait pour jamais ! Cela ressemblait à un conte de Perrault, — et des gens affirmaient sérieusement avoir vu les restes de ces affreuses machines !

Nous laisserons aux romanciers le soin de jeter les couleurs brillantes ou sombres de leur imagination sur des histoires aussi étrangement fantaisistes ; notre devoir est de n'admettre que les faits reposant sur des données sérieuses et sévèrement contrôlées.

On sait combien les véritables oubliettes sont rares. La Bastille même, ce modèle de prison terrible, n'en possédait pas. M. Viollet-le-Duc, dans son *Dictionnaire d'architecture*, en cite deux exemples seulement ; pour les autres, il a reconnu qu'elles servaient simplement de latrines. Aujourd'hui encore, par un euphémisme un peu gaulois, on décore souvent du nom d'oubliettes, dans les vieux manoirs ruraux, des endroits qui n'ont jamais eu d'autre destination.

Or le château de Loches en aurait eu jusqu'à trois, et peut-être quatre !

C'eût été vraiment trop de luxe. Une seule aurait bien suffi.

Il n'était pas difficile, ce semble, à l'abri des murs de la forteresse, et dans ce souterrain même, de se débarrasser d'un homme sans avoir recours à ce moyen bizarre, et en somme peu expéditif et peu sûr. Le poison, le poignard ou la hache allaient plus droit au but. Nous ne nions pas pas que le souterrain ait vu quelqu'une de ces exécutions secrètes, de ces meurtres que l'histoire raconte pour ainsi dire à voix basse. Voyez là, sur le mur, ce seul mot surmonté d'une croix[1] :

Mais nous ne saurions voir ici rien qui ressemble à une oubliette.

Le souterrain présente à son entrée une vaste salle creusée dans le roc. Quelques parties de soutènement sont seules bâties en bel appareil régulier. Notons dès mainte-

---

1. *Requiescat.* — Le même mot est écrit au charbon un peu plus loin dans une autre partie du souterrain.

nant quelques inscriptions qui nous donnent une date comme point de départ[1] :

Diut le tres noble
✠ Roy françoys
1417

Le mur qui porte ces inscriptions est évidemment du même âge, ou plus ancien. Un coup d'œil nous suffira pour démontrer que le souterrain est antérieur à toutes les constructions qui s'y trouvent.

Au ciel de la carrière, on remarque trois trous obscurs, qui ne seraient autre chose que les oubliettes. Celui du milieu, aujourd'hui bouché, communique avec le cachot de Guillemet. Celui de droite monte jusqu'au cachot de Sforce, où il servait à un usage moins terrible et plus journalier. Quant au troisième, il n'est pas ouvert à la partie supérieure, mais de chaque côté deux ouvertures donnent accès dans un étage de souterrains qui sont au même niveau que le cachot de Guillemet. Celui-là n'est donc pas une oubliette, non plus que celui qui monte jusqu'au privé de Ludovic. Reste le troisième ; mais comprendrait-on la nécessité de jeter un homme, avec l'intention de l'*oublier* ou de le tuer,

---

[1]. Cette inscription est répétée dans le cachot du collier qui est au-dessus de l'ancien pont-levis.

par cette ouverture qui communique, à une profondeur de quatre ou cinq mètres seulement, avec un vaste souterrain, où devaient passer souvent les habitants de la forteresse ? Les inscriptions sur les murs nous prouvent que ce passage était assez fréquenté, et qu'il devait servir de chemin de ronde, de contre-mine, de communication avec les fossés.

A la suite de cette vaste salle d'entrée, le souterrain se prolonge par un long boyau dans la direction du sud-est pour aboutir à un escalier de seize marches creusé dans le roc. Il est impossible d'aller plus loin, le reste est comblé ; mais on devait arriver dans une autre chambre en roc, donnant accès à des escaliers pour aboutir par le haut à la grande cour intérieure aujourd'hui en jardin, par le bas dans les fossés.

Nous n'avons donc point affaire à des oubliettes. Les trous en question ont servi probablement à l'extraction de la pierre, et aussi, croyons-nous, à la communication entre les divers étages de souterrains ; car il est bon de remarquer que toute cette partie du château a été construite dans un souterrain préexistant dont l'architecte a suivi la forme dans sa bâtisse ; il a conservé les galeries qui pouvaient lui servir, et il a coupé ou muré sans scrupule les parties inutiles.

Nous ne connaissons pas aujourd'hui l'étendue de ces boyaux. Les récits populaires les prolongent d'une manière tout à fait fantastique, à travers monts et vallées, jusqu'à Châtillon, à cinq lieues de Loches. Nous pensons qu'ils s'étendent effectivement dans la campagne, rejoignant par les fossés les anciennes carrières percées en tout sens sous le plateau de Vignemont et de Belébat. En ce dernier endroit, un grand puits d'aération contient dans un angle un escalier hexagone, qui devait servir de communication entre le château et la campagne. La tour de Mauvières pouvait aussi, par le même moyen, servir de poste avancé[1].

Belleforêt rapporte, d'après Gruget[2], qu'un gouverneur de Loches, nommé Pontbriand, homme fort curieux, voulant connaître tous les endroits secrets du château, en trouva quelques-uns fermés par des portes de fer. Il les fit enfoncer, et marcha ensuite fort avant sous le roc. Ayant encore forcé une semblable porte, il suivit une longue allée taillée dans le roc, qui le conduisit à une chambre souterraine, au bout de laquelle il trouva un homme de haute stature, assis sur une large pierre et tenant sa tête appuyée dans ses deux mains. Dès que le contact de l'air eut frappé le corps, il tomba en poussière, ainsi qu'un petit coffret en bois qui était aux pieds du prisonnier, et qui renfermait quelques linges fort blancs et pliés avec soin. Gruget ajoute que la tête et les ossements de ce cadavre ont été fort longtemps exposés dans l'église du château.

Nous nous souvenons d'avoir entendu dire qu'en ouvrant une partie oubliée des souterrains, vers 1840, on avait trouvé, entre autres choses, une épée rouillée damasquinée d'argent, qui fut offerte au sous-préfet d'alors.

Pour terminer, citons cette inscription qui fut presque

---

1. Nous ne voulons pas répéter ici ce que nous avons dit sur *l'origine et l'étendue des souterrains de Loches*, dans le Bulletin de la Société archéologique de Touraine, t. III, 1er semestre 1874.

2. François Gruget, né à Loches, était référendaire de la chancellerie de France. On a de lui un recueil de prophéties et révélations tant anciennes que modernes (1565), et une description de Loches insérée presque en entier dans la *Cosmographie universelle* de Belleforest, et dans les *Antiquités des villes de France*, de Duchesne (Dufour). — François de Pontbriant était gouverneur de Loches sous Louis XII et François Ier.

une prophétie à sa date, et qui conserve une véritable valeur historique :

*Sous peu nous détruirons ces hautes
murailles, briserons ces chaînes, et
ferons disparaître ces tortures inventées
par les Rois — trop faibles pour
arrêter un peuple qui veut sa
1785 liberté. 1785.*

IX

PIERRE DE NAVARRE. — LE COMTE DE SAINT-VALLIER. — PROCÈS D'UN MARÉCHAL DE FRANCE SOUS HENRI II. — (1512-1577).

ANS la liste des prisonniers qui furent enfermés au château de Loches au XVIᵉ siècle, nous trouvons trois noms célèbres : Pierre de Navarre, le comte de Saint-Vallier, et un maréchal de France, Oudard du Biez.

Don Pedro Navarro, que Brantôme appelle don Pedro de Paz, connu généralement sous le nom de Pierre de Navarre, né en Biscaye, d'une famille obscure, servit d'abord dans les armées du roi d'Espagne, et se distingua par ses belles actions. De simple soldat il s'éleva peu à peu jusqu'au grade de colonel-général de l'infanterie espagnole. Fait prisonnier à la bataille de Ravenne (1512), il fut enfermé au château de Loches. Mais comme le roi Ferdinand refusait de payer sa rançon, il eut recours à François Iᵉʳ.

Ce prince, connaissant sa grande valeur, s'empressa d'accepter ses services, et de donner au duc de Longueville, qui l'avait fait prisonnier, la somme fixée. Il le nomma de plus colonel-général de l'infanterie gasconne. Pierre de

Navarre sut reconnaître la faveur du roi de France. Il s'acquit une grande réputation dans les guerres d'Italie, et se conduisit vaillamment à la bataille de Marignan. Fait prisonnier de nouveau au siège de Naples, il mourut en prison, étranglé, dit-on, par ordre de l'empereur. Ferdinand Gonzalve lui fit élever un tombeau, avec une épitaphe que l'on trouve dans Brantôme et dans le Journal de l'Estoile.

En 1523, au moment où le roi était sur le point de quitter la France pour aller à la conquête du Milanais, un complot d'une importance capitale et d'une hardiesse insensée fut découvert. Humilié par le roi dans maintes circonstances, dépouillé de la plus grande partie de ses biens par un procès que lui avait intenté la reine-mère, le connétable Charles de Bourbon avait prêté l'oreille aux propositions de l'empereur Charles-Quint. Il ne s'agissait de rien moins que du démembrement de la France. Le connétable devait épouser la sœur de l'empereur, Éléonor, veuve du roi de Portugal, avec une dot de 800,000 écus ; il rentrait dans la possession des biens qui lui avaient été enlevés, auxquels il joignait la Provence et le Dauphiné. L'empereur prenait le Languedoc, la Bourgogne, la Champagne et la Picardie ; le roi d'Angleterre recouvrait les anciennes provinces de la domination anglaise, avec la couronne de France ; et la succession éventuelle de l'empereur en cas de décès sans enfants appartenait au connétable.

Pour arriver à la réalisation de ce projet, le roi d'Angleterre entrait par le nord avec 15,000 hommes, tandis que l'empereur attaquait le midi avec 34,000, et que Marguerite de Flandre envoyait 4,000 hommes envahir la Picardie. On n'attendait pour cela que le moment où le roi serait engagé à fond dans son expédition du Milanais.

La reine-mère était à Cléry au mois d'août, lorsqu'elle

reçut de Louis de Brézé, comte de Maulevrier, grand-sénéchal de Normandie, une lettre dans laquelle il lui disait « qu'il avait sçu d'un homme d'église que deux gentilshommes lui avaient dit en confession plusieurs choses importantes à la sûreté du roi et du royaume ».

Ces deux gentilshommes étaient Jacques d'Argouges et Jacques de Matignon, sieur de Thorigny. Interrogés immédiatement, ils déclarèrent qu'un nommé Lurcy leur avait dit à Vendôme « le grant dessein qu'avait M. le connétable contre le roy et l'État; qu'il traitoit de se marier avec la sœur de l'empereur; que les Anglois étoient de la partie... et qu'il y avoit eu dessein d'arrester le roy et de le mener à Chantelle, mais qu'il avoit été d'avis de le tuer ».

Le roi ne tarda pas à avoir en main tous les fils de la conspiration. Le connétable chercha sa sûreté dans la fuite, mais ses complices furent moins heureux. Le 25 septembre, Jean de Poitiers, comte de Saint-Vallier, Aimar de Prie, Jacques Hurault, évêque d'Autun, et Antoine de Chabanes, évêque du Puy, furent arrêtés à Lyon. Dès le lendemain, le sieur de Brisson, premier président du Parlement de Rouen, commis par le roi, procédait à un premier interrogatoire à Tarare.

On arrêta ensuite successivement Descars, Hector d'Angeray sieur de Saint-Bonnet, Bertrand Simon dit de Brion, Antoine d'Esguières, seigneur de Charency, Anne du Peloux, et Pierre Popillon, chancelier du Bourbonnais.

Peu de temps après les prisonniers furent transférés à Loches. Jean de Selves, premier président du Parlement de Paris; Jean Salat, maître des requêtes; François de Loynes, président aux enquêtes, et Jean Popillon, conseiller de ladite cour, furent chargés de continuer l'instruction.

Ces commissaires se transportèrent à Loches, et menèrent la procédure rapidement; les charges contre les accusés étaient peu graves en elles-mêmes. Ils étaient coupables surtout de n'avoir point révélé le complot dont ils avaient connaissance ; mais une loi, qui datait de Louis XI, punissait la non-révélation d'un complot contre la personne du roi des mêmes peines que le crime de lèse-majesté, c'est-à-dire de la mort.

La grandeur de la trahison, l'importance du principal coupable, et l'influence du roi qui mettait dans la poursuite une passion extrême, augmentaient encore le danger de la situation. Le plus gravement compromis était Saint-Vallier ; tout en blâmant les projets du connétable, il avait eu la faiblesse de consentir à être le dépositaire du chiffre secret destiné à sa correspondance avec l'empereur. Il se rendait si bien compte de sa situation, qu'il écrivait de Loches à son gendre Brézé et à sa fille les deux lettres suivantes, où se peint en termes navrants son inquiétude :

« A Monsieur le Grand Seneschal,

» Monsieur mon filz,

» Je croy que vous estes assez adverty de ma fortune, c'est que le roy m'a fait prandre, sans nulle raison, je le prens sur la dampnation de mon âme, à l'occasion de ce que Monsieur le Connétable s'en est allé ; et m'a fait mener ycy au chasteau de Loches comme ung faulx traistre ; que m'est si très horrible regret que je m'en meurs. Je prie à Dieu quil me vueille donné bonne pacience et au roy congnoissance de la honte qu'il me fait ; puisquil luy plaist, la raison veut que je preigne pacience ; et pour ce que vous estes la personne que j'ayme le plus et à qui j'ay plus de fiance, je vous ay bien voulu advertir de ma malheureté, à celle fin que vous veuillez avoir pitié de moy à me vouloir oster hors de la misère où je suis ; et s'il vous est possible de povoir venir parler à moy jusques ycy, vous et moy concevrions ce que il s'y devrait faire. J'ay paour que vous ne puissiez venir jusques ycy ; si vous ne le povez faire, je vous requiers en l'honneur de Dieu que vous me veuillez envoyer vostre femme ; elle pourra passer à Bloys et demander congé à Madame de me venir veoir, sans luy dire autre chose, et elle et moy concluerons ce qu'elle dira à Madame ; et aussy de vostre costé escrypvez au roi et à Madame pour mon affaire, tout ainsy que le saurez bien faire, que vous requiers faites que Monsieur de Lisieulx viengne. J'ai le cuer si serré qu'il me crève que je ne vous scay que je vous doits mander. Je vous requiers ayez pitié de moy ; l'on a dit que l'on a demandé ma confiscation au roy ; vous y adviserez, car le cas vous touche ; ce sont nos bons amys. Je vous requiers faictes diligence à me envoyer de vos nouvelles. Je prie à Dieu, Monsieur mon filz, vous donner ce que plus désirez. A Loches le dix-neufiesme septembre.

» Le tout vostre bon perre,
» POICTIERS. »

Dans la lettre qu'il écrivait à sa fille le même jour, on remarque le même chagrin, la même inquiétude, avec une nuance assez sensible de réserve et de froideur.

« A Madame la Grand'Seneschale,

» Madame la Grant Seneschalle,

» Depuis que ne vous escrips suys ycy arrivé au chasteau de Loches, aussi mal traicté que paouvre prisonnier scauroit estre, et sy Dieu ne m'ayde, je nen bougeré de longtemps ; et pour ce que toute mon espérance est à vostre mary et à vous, je luy prie qu'il vueille venir parler à moy, s'il ne lui est possible je vous prie que vous vueillez venir. Vous ne sauriez me faire plus de plaisir que de me venir veoir, et vous et moy conclurrons ce que devrez dire à Madame et quand vous passerez devers elle, vous pourrez luy demander congé de venir me veoir. Je vous requiers ayez tant de pitié de vostre paouvre père que de vouloir le venir veoir, et s'il vous est possible, amenez Monsieur de Lisieux, à qui je me recommande à sa bonne grâce. J'ai le cueur qui me crève que je ne vous puis mander autre chose, fors que je prie à Dieu qu'il vous doint ce que vous désirez. A Loches ce dix-neufiesme de septembre.

» Vostre bon père,
» POICTIERS. » (1)

1. Ces deux lettres se trouvent dans *l'Histoire de Chenonceau* de notre savant maître et ami, Mgr Chevalier, camérier secret du Saint-Siège, président honoraire de la Société archéologique de Touraine, etc.

LA BARRE DE FER

Les interrogatoires et les confrontations se suivirent sans interruption pendant tout le mois de septembre. Hector d'Angeray, sieur de Saint-Bonnet, fit des aveux. Saint-Vallier commença par nier, mais pressé par l'évidence, il finit par reconnaître la part qu'il avait prise dans l'affaire. Il avait reçu les confidences du connétable qui lui avait fait jurer le secret sur une croix. Il avait assisté à l'entrevue avec le sieur de Beaurain, à l'échange des dépêches entre l'empereur et le connétable et à l'envoi de Saint-Bonnet en Espagne. Il avait consenti à être dépositaire du chiffre destiné à l'échange des dépêches ; mais il avait aussitôt blâmé le connétable, lui remontrant la faute qu'il faisait, les malheurs qui suivraient. Celui-ci en avait paru touché et avait promis de renoncer à ses projets.

Les commissaires étaient encore à Loches au mois de de décembre, ainsi que le prouve un article du compte municipal de Pierre Ribot, receveur de la communité de Loches : « Environ la saison de Nouel pour presanter et donner à M. le premier président, M. de Loynes, et autres conseillers de la court, qui estoient en la ville de Loches pour le fait de messieurs de Saint-Vallier et d'Autun, un saulmon, v l. x s. »

Le 10 décembre, l'affaire était envoyée au Parlement et les prisonniers transférés à Paris. Saint-Vallier, interrogé de nouveau, persista dans ce qu'il avait dit. Le 16 janvier il fut par arrêt déclaré criminel de lèse-majesté, et comme tel condamné à avoir la tête tranchée, ses biens acquis et confisqués au roi, et avant l'exécution il devait subir la question extraordinaire pour savoir ses complices de la conspiration.

Ébranlé par tant d'émotions, Saint-Vallier tomba malade ; l'exécution fut retardée. Cependant le prisonnier dut subir, sur les instances du roi, une sorte de dégradation ; le comte de Ligny, assisté de plusieurs conseillers du Parlement et de quelques gentilshommes, vint dans la prison lui signifier « la sentence d'exautoration de l'ordre ; il lui demanda où étoit son ordre. Saint-Vallier lui répondit que le roy savoit bien qu'il l'avoit perdu à son service, et pour celui de Saint-Michel, qu'il l'avoit perdu le jour de son arrestation. Le comte de Ligny lui en présenta un autre qu'il refusa ; mais le président de la Cour lui remontra quil falloit obéir au roy, et cette cérémonie fut incontinent après achevée ». (Procès de Saint-Vallier, Cimber et Danjou.)

Le roi, qui suivait les détails de cette affaire comme s'il se fût agi d'une vengeance personnelle, pressa plusieurs fois l'exécution de l'arrêt. Mais la santé du malheureux condamné forçait toujours à différer. La question des brodequins lui fut seulement *présentée,* formalité inutile et cruelle, qui ne lui arracha pas d'autres aveux.

Enfin le jour de l'exécution arriva. Saint-Vallier fut conduit sur l'échafaud ; au dernier moment le roi, selon l'expression du poète, lui fit grâce ainsi que dans un rêve ; grâce incomplète et dérisoire, et qui aurait été achetée, dès ce jour-là même, on sait quel prix, par sa fille, la célèbre Diane de Poitiers.

Tout le monde connaît le langage plein de douleur et de dignité que V. Hugo prête au vieux comte de Saint-Vallier dans le drame *Le Roi s'amuse :*

> Vous m'avez fait un jour mener pieds nus en Grève.
> Là, vous m'avez fait grâce ainsi que dans un rêve,
> Et je vous ai béni, ne sachant en effet
> Ce qu'un roi cache au fond d'une grâce qu'il fait.
> Vous, vous aviez caché ma honte dans la mienne ;
> Sans honte, sans pitié pour une race ancienne,
> Pour le sang de Poitiers noble depuis mille ans,

> Tandis que, revenant de la Grève à pas lents,
> Je priais dans mon cœur le Dieu de la victoire
> Qu'il vous donnât mes jours de vie en jours de gloire,
> Vous, François de Valois, le soir du même jour,
> Sans crainte, sans pitié, sans pudeur, sans amour,
> Dans votre lit, tombeau de la vertu des femmes,
> Vous avez froidement, sous vos baisers infâmes,
> Terni, souillé, flétri, déshonoré, brisé
> Diane de Poitiers comtesse de Brézé.
> Quoi ! lorsque j'attendais l'arrêt qui me condamne,
> Tu courais donc au Louvre, ô ma chaste Diane !
> Et lui, ce roi sacré chevalier par Bayard,
> Jeune homme auquel il faut des plaisirs de vieillard,
> Pour quelques jours de plus dont Dieu seul sait le compte,
> Ton père sous ses pieds, te marchandait ta honte !
> . . . .
> Sire, je ne viens pas vous demander ma fille.
> Quand on n'a plus d'honneur, on n'a plus de famille ;
> Qu'elle vous aime ou non d'un amour insensé,
> Je n'ai rien à reprendre où la honte a passé :
> — Gardez-la !

Certes, c'est là une belle et fière poésie. Mais l'histoire, moins enthousiaste et plus sévère en matière de preuves, donne une cause toute différente à la grâce du comte de Poitiers.

C'était Pierre de Brézé qui, sans le savoir, était la cause de l'arrestation de son beau-père. C'était lui qui, d'après les expressions mêmes du roi, avait découvert « les machinacions et conspiracions faictes contre sa personne, ses enffants et son royaume », en dénonçant le connétable de Bourbon, ne se doutant pas que le malheureux Saint-Vallier était si gravement engagé dans le complot. Brézé n'avait pas été sans s'émouvoir de cette condamnation, d'autant que *le cas le touchait* à cause de la confiscation. Ses démarches eurent assez peu de succès d'abord ; cependant la colère du roi céda devant ses prières et celles des autres *parens et amys charnels* du condamné. Par lettres du mois de février 1524 données à Blois, la peine de mort fut commuée « en la peine cy après déclarée : C'est assavoir qu'iceluy de Poictiers sera mis et enfermé perpétuellement entre quatre murailles de pierre massonnées dessus et dessoubz, esquelles n'y aura qu'une petite fenestre par laquelle on luy administrera son boire et manger... » Voilà quelle fut la grâce que Diane aurait payée du prix de son honneur !

Peu de jours après, cependant, le roi, par lettre de cachet, manda à la Cour de surseoir à l'exécution de cette nouvelle peine. Le 31 mars 1524, il fit, par le sieur de Vaux capitaine de ses gardes, tirer Saint-Vallier de la tour carrée du Palais, pour le mener au lieu qu'il avait ordonné. Enfin, en 1526, un article du traité de Madrid stipula grâce complète, abolition et restitution en faveur de tous ceux qui avaient été compris dans le procès du connétable, et en particulier des sieurs de Saint-Vallier et d'Autun.

Mais la santé du malheureux comte de Poitiers était ébranlée à tout jamais. Ses cheveux avaient blanchi dans la nuit qui précéda le jour fixé pour son exécution en place de Grève ; et il conserva toujours un tremblement nerveux accompagné de fièvre, que l'on appella de son nom *fièvre de Saint-Vallier*.

Les autres prisonniers furent plus heureux. La poursuite contre les deux évêques paraît avoir été abandonnée dès l'origine ; cependant le traité de Madrid stipule nommément la liberté de l'évêque d'Autun ; Saint-Bonnet et Gilbert dit Baudemanche furent élargis en 1523. D'Éguières et Brion furent condamnés par arrêt du 27 janvier 1524 à faire amende honorable, et relégués pour trois ans en tel lieu qu'il plairait au roi ; de Prie et Popillon internés dans une ville du royaume. Descars fut condamné à la même peine, et cependant déclaré non coupable en juillet 1526. Le roi fut peu satisfait de la conduite impartiale du parlement dans ces débats ; l'arrêt concernant de Prie et Popillon le mécontenta particulièrement. Il défendit à la cour *sur peine de la vie* d'exécuter l'arrêt. Pendant ce temps, Popillon mourut à la Bastille le 15 août 1524. La reine-mère en 1525 obtint pour de Prie « attendu son ancien âge » un arrêt qui lui permettait d'aller en liberté partout. Il eut sa grâce complète peu de temps après.

Vingt-huit autres personnages qui avaient suivi le connétable à l'étranger furent condamnés à mort par contumace.

Le procès de Oudart du Biez rappelle par beaucoup de points un autre procès célèbre de nos jours, où fut aussi condamné un maréchal de France, après la récente et douloureuse capitulation de Metz.

Oudart du Biez était un des premiers chevaliers de son temps, brave, loyal, soldat expérimenté, conseiller plein de sagesse. Le dauphin, qui fut depuis Henry II, avait voulu être armé chevalier de sa main, comme François Ier l'avait été de la main de Bayard, le Chevalier sans peur et sans reproche ; et il l'avait fait nommer maréchal de France et lieutenant-général de Picardie.

Du Biez avait deux filles ; l'une épousa le sieur de Fouquerolles ; l'autre, nommée Isabelle, devint femme d'un descendant de l'illustre famille de Coucy, Jacques, seigneur de Vervins et de Marle.

Jacques de Coucy était aussi lui un vaillant soldat. Nourri dès son enfance dans la maison de Charles de Bourbon, duc de Vendôme, il l'avait suivi en Milanais, et se trouvait aux batailles de Marignan et de Pavie. Le roi, pour le récompenser, lui avait donné le gouvernement de Landrecies, la lieutenance d'une compagnie de cent hommes d'armes de ses ordonnances, sous la conduite de son beau-père, et enfin la charge de pannetier dans sa maison.

En 1543, l'Empereur et le roi d'Angleterre mirent le siège devant Landrecies; mais le gouverneur, par son courage et ses sages dispositions, les força de se retirer.

L'année suivante, le roi d'Angleterre et le duc de Norfolk, réunis aux troupes de l'Empereur, assiégèrent Montreuil; trente mille hommes et une artillerie considérable s'établirent devant la place. Oudard du Biez, laissant à son gendre la défense de Boulogne, se jeta dans la ville, soutint le siège pendant quatre mois, et fut assez heureux pour le faire lever.

Furieux de cet échec, le roi d'Angleterre se présente devant Boulogne, que ses troupes assiégeaient déjà; soixante pièces de canon battent la ville nuit et jour pendant sept semaines. Le 11 septembre, l'assaut général est donné sur quatre points différents pendant sept heures; les Anglais sont repoussés. Un second assaut se prépare; mais la place n'est plus en état de le soutenir. La garnison est épuisée; la ville regorge de blessés et de malades; les murailles sont ébranlées, et quatre larges brèches ne peuvent être ni réparées ni défendues. On ne compte sur aucun secours. Le seigneur de Vervins assemble les capitaines; on décide en conseil qu'il faut entrer en pourparlers avec l'ennemi; enfin Coucy capitule le 14 septembre. Le siège était commencé depuis le 19 juillet.

Le brave mais malheureux défenseur de Boulogne se retira vers le roi, « qui ne luy en montra oncques mauvais visage, ni ne se plaignit de luy, voyant qu'il avoit fait tout devoir possible » (Brantôme). Le projet de reprendre Boulogne fut aussitôt formé, mais lentement exécuté, et Fouquerolles fut tué dans cette campagne. Enfin une armée, sous la conduite du maréchal marcha de nouveau sur la ville conquise. Les Anglais, pressés de tous côtés, furent forcés de rendre toutes les places dont ils s'étaient emparés dans le Boulonais (avril 1546).

L'année suivante, François Ier mourut. Henri II, qui avait été profondément affligé de la perte de Boulogne, éclairé ou trompé par ses conseillers et par des ennemis du maréchal, le fit arrêter avec son gendre, Jacques de Coucy, et plusieurs autres capitaines, et ordonna qu'ils fussent mis en jugement. Une commission, composée de Raimond Fumée, seigneur de Saint-Quentin, président, Coutel, Dormy, de l'Hopital, qui fut depuis chancelier, et autres juges choisis, se réunit dans une chambre qu'on appelait la Chambre de la Reine. La procédure fut « longue et animeuse », l'audition des témoins et les diverses formalités, récolements, confrontations, etc., durèrent deux ans.

La principale accusation contre Coucy portait sur la reddition de Boulogne. « L'accusé remonstroit les grandes forces qu'il avoit sur les bras, un roy en personne contre luy, luy sans espérance de secours, le roy son maistre empesché ailleurs, la ville demi ruinée, quantité de bresches non réparées, faute de vivres, poudres et munitions, manque de gens de défense, et ceux qui restoient avoient perdu courage ; qu'il avoit soutenu un cruel assaut ; que l'ennemi avait tiré contre la ville cent ou six vingt mille coups de canon ; qu'il avoit rendu la place de l'avis des capitaines Poques, Dez, Saint-Blimont, Colincourt, Lignon et autres ; bref, qu'il avoit fait tout ce qu'un homme de cœur pouvoit faire ; que le feu roy François Ier n'avoit pas pris affaire de la sorte ; au contraire, l'avoit bien reçu après l'action, et s'estoit depuis servi de luy. »

A cette défense l'accusation répondait, en s'appuyant sur la déposition de nombreux témoins, sincères ou vendus, que le capitaine avait eu toujours des intelligences avec les ennemis, soit par ses domestiques, soit personnellement ; il en avait reçu de l'argent, et avait promis à l'avance la reddition de la place ; il avait capitulé après un assaut repoussé, lorsque l'ennemi s'était retiré et s'apprêtait à lever le siège, lorsqu'il était averti que le Dauphin marchait à son secours, et le jour même où il savait que ce secours devait lui arriver. Il avait rendu la ville alors que le maire et les habitants l'avaient si bien remparée, qu'elle était plus forte qu'auparavant, avec des vivres pour six mois ; malgré les habitants qui voulaient énergiquement se défendre, et qui n'avaient pas même été consultés ni compris dans la capitulation ; il avait mis ses biens personnels en sûreté ; enfin il avait pendant tout le siège fait preuve de lâcheté, de nonchalance, et d'une ignorance complète de l'état et des ressources de la place, etc.

Coucy objectait qu'il avait rendu la place à quatre heures du soir, à l'expiration du délai fixé pour l'arrivée du secours promis par le Dauphin ; qu'il avait traité avec l'ennemi de l'avis de ses capitaines ; et que, d'après les lois de la guerre, il n'était pas tenu de consulter les habitants. Il nia tous les faits qui pouvaient constituer de sa part une trahison.

Quant au maréchal, il était accusé d'avoir aussi entretenu des intelligences avec l'ennemi, de s'être laissé corrompre, d'avoir contribué à la reddition de Boulogne, de n'avoir pas usé de rigueur contre les prisonniers ennemis, d'avoir détourné des sommes considérables sur les fonds destinés aux munitions et aux soldats, et d'avoir trompé le roi sur l'état de la place de Montreuil, ce qui avait amené une capitulation précipitée avec l'Empereur.

Du Biez répondait qu'il avait laissé le commandement de Boulogne à son gendre par ordre du roi, et que ce dernier ne pouvait imputer qu'à lui seul la perte de cette ville, qu'il avait négligé de munir suffisamment, malgré ses avis ; il nia avoir jamais rien reçu des ennemis ; en ce qui concerne les voleries sur les troupes, il parut s'en reconnaître coupable, « disant que les autres chefs de guerre en font autant ».

Enfin le procès fut jugé sur le rapport de l'Hopital, et l'arrêt rendu, en ce qui concernait Coucy en juin 1549. Le défenseur de Landrecies et de Boulogne fut condamné à avoir la tête tranchée, ce qui fut exécuté.

Le maréchal attendit sa sentence pendant deux ans encore. Son arrêt lui fut prononcé le 8 août 1551. Il était déclaré atteint et convaincu des crimes de lèse-majesté, de péculat et autres, inhabile à jamais de tenir estats et honneurs, condamné en cent mille livres parisis d'amende envers le roy, tous ses biens confisqués, et à avoir la tête tranchée en Grève, et là, sa tête affichée à un poteau et son corps pendu à Montfaucon.

Aussitôt après la prononciation de l'arrêt, arrivèrent des lettres du roi pour qu'il fût sursis à l'exécution de la sentence. Le prisonnier fut conduit au château de Loches. Il n'y resta que peu de temps ; et nous n'avons aucun détail sur sa captivité. A sa sortie, il se retira dans la maison qu'il possédait à Paris, près de l'abbaye Saint-Victor, où il mourut accablé de douleur et d'ennui, au mois de février 1553. Son corps fut transporté à Biez.

Jacques de Coucy avait laissé un fils, nommé Jacques, comme lui, qui, dès sa jeunesse, travailla à obtenir la réhabilitation de son aïeul et celle de son père. Il découvrit « la pratique dont on avait usé pour les ruiner, les faux témoins ouïs contre eux, depuis exécutez à mort, entre autres Médard Pépin, Bequet et le chanoine Boté ». Enfin, vingt-six ans après la mort de Coucy, il obtenait, par la protection du duc de Guise et du cardinal de Bourbon, des lettres de réhabilitation, et le roi Henri III faisait faire aux deux condamnés, le 14 juin 1577, des funérailles solennelles.

X

LES GUERRES DE RELIGION ET LA LIGUE (1560-1588).

 LA suite de la conjuration d'Amboise, et pour avoir l'œil ouvert sur les démarches des protestants, la compagnie du maréchal de Termes (Paul de la Barthe) vint s'établir à Loches. Les lourdes charges occasionnées aux habitants par cette garnison, et les méfaits des gens de guerre, « oppressions, larcins et forcements » donnèrent lieu à trois enquêtes contenues en *trente-six feuillets de grand papier !*

Le château de Loches était presque redevenu, comme au temps des comtes d'Anjou et des guerres anglaises, une place frontière du côté du Poitou, quartier-général des calvinistes. Il était, ainsi que la ville, bien approvisionné en munitions, lorsque les troupes de Condé s'en emparèrent, le 2 juin 1562, sous la conduite d'Antoine d'Aure, plus connu sous le nom de comte de Grammont, capitaine des Gascons, de Robert de la Marck, duc de Bouillon, et de Symphorien de Durfort, seigneur de Duras, qui devait trouver la mort l'année suivante sous les murs d'Orléans.

Mais les calvinistes ne restèrent pas longtemps maîtres de la place, car le 30 juillet de la même année, la compagnie du connétable de Montmorency venait y prendre garnison avec 80 chevaux. Les armes de la ville avaient été portées au château, où commandait alors Mery Grelet ou Grasleul, seigneur de la Roche-Berteau près Ciran, capitaine des argoulets ou arquebusiers à cheval, sous l'autorité de Villars, beau-frère du connétable [1].

Pendant que le duc de Montpensier tenait la campagne aux environs de Loudun, sa compagnie fut souvent en garnison à Loches. Le seigneur de Talvoys était alors capitaine du château ; grâce à sa recommandation, les habitants purent obtenir quelques allègements des charges considérables qui pesaient sur eux.

C'était chose onéreuse, en effet, qu'une garnison, surtout en temps de guerre civile. Les lettres du roi et des généraux recommandaient bien aux soldats d'acheter ce qui leur était nécessaire en vivres et en munitions ; mais, mal payés eux-mêmes, ils trouvaient plus simple de vivre sur l'habitant, et d'emprunter de force les munitions qui manquaient. Une délibération municipale de 1564 nous montre un coin de ce tableau :

« Mandement à Pillet de faire assembler les eschevins de la ville et de nommer un marchand de cette ville de Loches, qui aura la charge de ladite munition, après que led. Chanteloup a remonstré qu'il a esté par deux fois excédé en sa personne par les gens d'armes, et que aujourd'huy il est encore menassé et tellement inthimidé, quil a esté contrainct laisser cette pars ; ce qui a esté certifié par la femme dudit Chantelou, présente, qui a offert rendre les arrhes..... disant que son mari est sorti de cette ville en désespoir, et ne sait quel chemin il a prins, et que depuis son départ les gens d'armes ont toujours prins les munitions sans voulloir païer. »

Ajoutez à cela un froid rigoureux qui fit périr la plus

---

[1]. Voir la liste des gouverneurs de Loches, au chapitre XII.

grande partie des deux armées ; le verglas était si fort qu'il était impossible aux troupes de marcher ; 3,000 hommes périrent dans l'armée calviniste.

>L'an mil cinq cens soixante-quatre,
>La veille de la Saint-Thomas,
>Le grand hyver vint nous combattre,
>Tuant les vieux noyers à tas.
>Cent ans a qu'on ne veid tel cas.
>Il dura trois mois sans lascher,
>Un mois outre Saint-Mathias,
>Qui fit beaucoup de gens fascher.

Aussi tous les moyens étaient mis en œuvre, toutes les recommandations sollicitées pour obtenir, non seulement la décharge de toute la garnison, mais encore l'exemption de la monstre ou revue. On priait le capitaine du château, Talvois, de vouloir bien se rendre auprès du duc de Montpensier à cet effet. On présentait le vin de la ville au seigneur de Nevers, à son passage, espérant qu'il voudra bien donner une lettre de recommandation pour le même objet. On allait aussi trouver M. de Chavigny, lieutenant-général de Touraine pour le duc de Montpensier. Ces nombreuses démarches eurent un résultat satisfaisant. On obtint le renvoi de la garnison, mais les habitants durent contribuer à la garde du château.

M. de Chavigny[1] écrivait à M. de la Menardière, commandant de la place :

Monsieur de la Menardière, j'ay veu la lettre que vous m'avez escripte par le caporal Méry, comme vous vous plaignez de la

---

[1]. François Le Roy seigneur de Chavigny et de la Baussonnière, créé comte de Clinchamp en 1565, capitaine de 50 hommes d'armes des ordonnances et de cent gentilshommes de la maison du roi, chevalier de ses ordres, lieutenant-général des provinces d'Anjou, de Touraine et du Maine, mourut aveugle le 18 février 1606, âgé de 87 ans.

garde de vostre chasteau, chose qui est bien considérable, et a quoy il est bien besoing de pourvoir. Toutesfoys, pour ce que les affaires deçza sont remises a la venüe du roy, pour en adviser, je suis d'advis que vous regardiez a vous accommoder avecques messieurs de la ville de Loches et Beaulieu, pour la garde de vostre chasteau. J'en ay parlé à leurs députez qui sont icy venus ; lesquels m'ont promis et sont contans de vous bailler tous les jours deux ou trois d'entre eulx habitans des dites villes et fors bourgs de Loches et Beaulieu, ausquelz vous commanderez pour le service du roy et seureté de ladite place, attendant la venüe du roy par deçà, esperant que sa majesté y pourvoyra, en sorte que nous n'en serons plus en ceste peine. A quoy je tiendray la main, comme en chose qui importe au bien de son service, et m'asseurant que vous y satisferez suyvant ce que dessus, je vays prier Dieu vous donner, monsieur de la Menardière, ce que désirez, me recommandant bien fort à vous.

De Champigny, le xviiie jour d'avril 1565. Ils m'ont promis que ceulx quils vous bailleront ne seront aultres que des catholiques.

Vre bon amy
CHAVIGNY.

A monsieur de la Menardière ayant la charge du chasteau de Loches, à Loches.

L'année suivante 1565 fut pour les habitants de Loches encore plus cruelle. A la suite de la guerre vint la peste. Les mesures les plus extrêmes furent prises. On fit clouer et cadenasser les portes des maisons où avaient lieu les décès. Les malades, transportés à l'Hôtel-Dieu, furent soignés par des gens spécialement désignés, dont plusieurs succombèrent au fléau. Pour comble de calamité, la cherté des grains, survenant au mois de juillet 1566 rendit plus affreuse encore la misère que l'hiver rigoureux de l'année précédente avait amenée. Le journal de Lestoile nous a conservé le souvenir de cette disette :

> L'an mil cinq cens soixante et six,
> De grain fut très grande cherté ;
> Car, dans les halles de Paris,
> Le six de juillet, achepté

> Fut le froment vingt et deux livres ;
> Avecques vingt-quatre blancs ;
> Le seigle valut treize francs ;
> Douze livres se vendit l'orge ;
> Et, comme est escript dans les livres,
> L'avoine dix livres vallut ;
> Dont je vous jure, par saint George,
> Qu'onques si mauvois temps ne fut.
> Le meschant vin estoit bien cher,
> Assez à bon compte la chair.

Les pauvres devinrent si nombreux qu'il fallut organiser des secours, la charité privée ne suffisait plus. Chacun dut prendre à sa charge, selon ses facultés, deux, trois, ou quatre pauvres ; on dressa la liste des nécessiteux ; ils étaient trois cents, non compris les pauvres honteux et les passants. On fit une visite générale de tous les greniers, y compris ceux du château, pour savoir quelle quantité de blé il y avait dans la ville. On prit enfin toutes les mesures nécessaires pour faire face à tous les dangers à la fois.

Vers le mois d'août le roi vint à Loches, accompagné du marquis de Villars. Nous ignorons si les échevins obtinrent à cette occasion quelque mesure propre à les aider. La guerre paraissait calmée, les calvinistes ayant obtenu par la paix d'Amboise la liberté de leur culte, plusieurs villes, et des garanties qui paraissaient sérieuses.

Mais cet état de paix relatif ne fut que momentané. Les protestants se voyaient retirer peu à peu, sous l'influence des Guise, les libertés qui leur avaient été accordées. En 1567, ils se soulevèrent de nouveau ; le château fut encore mis en état de défense, et l'on y porta les munitions de la ville, poudres, boulets, pelles et autres instruments ; on acheta un saloir et six fauconneaux. Le sieur de Méré fut appelé à l'armée, et laissa le commandement au sieur de Prie.

On fit un rôle des réformés. Il y en avait à Loches quelques-uns, et leur chef était Jehan Baret, docteur ès-lois, conseiller du roy, lieutenant-général et ordinaire du bailly de Touraine. L'ancien commandant, Prévôt de la Menardière, était capitaine à 30 livres par mois. Les troupes de la ville étaient commandées par le sieur de Quinemont, à 20 livres de paie, et le sieur de Mons, à 10 livres.

Au mois d'octobre, M. de Prie écrivait aux échevins :

Messieurs, je vous envoie une lettre que Monsieur de Montreul (1), vous escript, qu'il m'a envoyée ceste nuit, par laquelle vous verrez comme il me prie de m'aller mettre dans le chasteau de Loches, avec la compagnie de Monsieur de Villars, et le plus de mes voisins et amys que je pourray mener, ce que je me delibère fere. A ceste occasion j'envoye ce porteur devers vous pour regarder de fere les logys des gentilshommes que je meneray, et le mien. Je vous prie aussi de faire provision de foing, paille et avoyne, car il faudra qu'ils mènent des chevaux. Pour l'esperance que j'ay de vous voir bien tost, je ne vous feray plus longues lettres, sinon que je me recommande bien fort à vos bonnes grâces. Je prie Dieu, messieurs, vous donner en santé bonne vie et longue. De Montpepon, ce premier jour d'octobre 1567.

Vostre entierement bon amy,

E. DE PRIE [2].

La lettre de M. de Monterud était ainsi conçue :

Messieurs, vous avez entendu les assemblées qui se font contre l'obeissance du roy, qui est cause que j'ay escript à Monsieur de Prie pour s'en aller incontinent env^{ro} ville et chasteau, et y assembler la com-

1. De Monterud. (Voir à la page suivante.)

2. René de Prie, baron de Toucy, seigneur de Montpoupon, chevalier des ordres du roi, conseiller en son Conseil privé, capitaine de 50 hommes d'armes, lieutenant-général au pays et au duché de Touraine. Par sa modération et sa fermeté, il sut se concilier l'estime et le respect des deux partis, et put éviter à la Touraine les horreurs de la Saint-Barthélemy.

pagnie de Monsieur le marquis de Villars, et là pourvoyr à tout ce qu'il verra estre requis pour le service du roy, et conservation de la ville et chasteau, en son obeissance ; auquel vous ne fauldrez d'obbeyr en tout ce qu'il vous commandera pour cest effect ; a quoy m'assurant ne vouldrez faillyr, ne vous feray ceste plus longue que pour prier le Créateur, Messieurs, vous tenir en sa sainte garde. A Tours, ce dernier jour de septembre 1567.

Votre bien bon amy,
J. DU MONTERUD (1).

Le même jour, les échevins répondaient à M. de Prie :

Monseigneur,

Nous avons receues les lettres qu'il vous a pleu nous escripre, avec celles de Monsieur de Montreuil et sommes tres joyeulx de ce qu'il vous plaist nous visiter et secourir en ce temps de nécessité, et espérons vous recepvoir de tres bon cœur et vous obéir en ce qu'il plaira nous commander pour le service du roy.

Les circonstances, en effet, avaient pris tout à coup une gravité inquiétante. Les calvinistes s'étaient secrètement rassemblés, et en grand nombre ils marchaient sur Meaux et sur Paris. Le 3 novembre, M. de Prie partait pour l'armée et laissait le commandement du château à M. de Méré. Le 10 novembre, les protestants étaient battus à Saint-Denis non sans avoir fait éprouver de grandes pertes à l'armée catholique. Condé se repliait sur Montereau, et après avoir fait sa jonction avec 10,000 Allemands, revenait occuper les lignes de la Loire. Orléans et d'autres villes étaient envahies et pillées de nouveau. Ces alternatives de succès et de revers encourageaient les calvinistes, et dans presque toutes les villes, ils trouvaient des adhérents. A Loches, ils

---

1. Innocent Trippier, sieur de Monterud et de Plumartin, était capitaine d'Orléans lorsque les calvinistes, avec lesquels il avait des relations, s'emparèrent de cette ville ; il se jeta ensuite dans le parti catholique.

étaient assez nombreux. Le greffier du corps de ville, devenu suspect, se voit interdire l'entrée des assemblées, et le droit de faire partie des milices et de monter la garde. L'avocat du roi Hamelin prétexte une maladie, et refuse de requérir et de faire requérir pour lui aux assemblées de ville, parce que en réalité il soupçonne le président de l'assemblée d'être calviniste. Les délibérations municipales sont l'occasion de querelles et de discussions violentes où les « membres s'injurient les uns aux autres et se séparent sans rien conclure ». Les échevins eux-mêmes ne veulent plus y assister, et sommés par le président de comparaître, ils répondent à son envoyé : « Allez ! vos fiebvres quartènes ! » Enfin le corps de ville tout entier donne sa démission et le lieutenant civil Jean de Ceriziers fait rédiger pardevant notaire une dénonciation contre Jean Baret, « pour cause de suspicion quil entend proposer au roy, nos seigneurs de son conseil privé et de sa cour de Parlement, en ce temps de guerres civiles qui sont contre le roy et son royaulme par ceux de la nouvelle religion prétendue réformée, de laquelle led. Baret est un des chefs de ce pays, comme il est tout commung et notoire, et que par les gouverneurs et lieutenants de roy tant en la ville de Tours, aud. Loches et chastelz que aultres villes de ce royaulme, les affaires publiques desdites villes et communitez et pour le service du roy leur ont été interdittes et deffendues, et mesmement, en ceste ville dudit Loches, tant aux premiers troubles que ès présans, ladicte interdiction luy a esté nommément faicte, comme il est congneu à chacun des officiers du roi et de ladicte ville et communité, etc. »

Pour augmenter la garde du château, M. de Chavigny avait encore envoyé 70 soldats. Enfin, le 5 décembre, M. de Monterud écrivait à M. de Méré pour lui annoncer l'arrivée des soldats du capitaine Marigny, auxquels les échevins devaient fournir le moyen de vivre en attendant l'argent nécessaire pour les solder (1567).

Par provisions datées de Saint-Maur-les-Fossés, le 22 septembre 1568, le roi donna la charge des ville et château de Loches à messire Jean de Menou, pour garder cette ville contre les réformés, avec pouvoir de lever et, assembler toute force de gens de guerre à cheval et à pied que bon lui semblerait et de faire en cette occasion tout ce qu'on pourrait attendre d'un bon chef de guerre. Le 22 mars 1569, Jean de Menou était nommé lieutenant de la compagnie de messire Claude de La Châtre, son beau-père, et, le mois suivant, il recevait du duc d'Anjou une commission pour lever une compagnie de 200 hommes de pied, afin de conserver en l'obéissance de Sa Majesté la ville et chastel de Loches, et d'ôter aux ennemis le moyen de faire aucune entreprise sur elle, avec pouvoir de commander ladite compagnie, aux honneurs, autorités et prérogatives affectés aux capitaines de pareil nombre de gens de guerre.

Le 29 août, le duc d'Anjou envoyait au seigneur de Menou des instructions et un plan pour fortifier la ville de Loches. Il y vint lui-même peu de temps après, pendant que son armée campait à la Selle-Saint-Avant. Puis il prit le chemin de Chinon pour marcher au-devant des protestants, qu'il rencontra et battit dans les plaines de Moncontour (8 octobre 1569). Loches était alors le centre des approvisionnements de l'armée catholique. 373,000 pains et 8,000 boisseaux d'avoine furent envoyés de cette ville sur Dissais, Chatelleraud, Sainte-Maure, l'Ile-Bouchard, Chinon, Loudun, etc. Une partie de ces vivres fut perdue, une autre volée. Pour faire face à cette fabrication considérable, des fours avaient été construits dans le couvent des Cordeliers et dans le château.

Grâce à la modération de son capitaine, Jean de Menou,

Loches put éviter, en 1572, les horreurs de la Saint-Barthélemy. La compagnie du seigneur de Menou, forte de 200 hommes, tenait garnison au château. Il eut pour successeur, en 1564, René de Voyer, seigneur de Paulny, qui reçut, le 12 avril de l'année suivante, l'ordre de faire mettre en liberté le sieur de Saint-Étienne, prisonnier de guerre dans le château. Nous ne savons si ce prisonnier était le seigneur de Saint-Étienne qui, assiégé dans sa maison par les troupes royalistes, après avoir vu ses tours ruinées par le canon et par la mine, réfugié dans une dernière retraite qui était sur le point d'être prise, consentit à se rendre sur la parole qui lui fut donnée que le duc de Nevers était là. Dès qu'il montra la tête, il reçut un coup de pistolet [1]. Peut-être ne mourut-il pas de sa blessure et fut-il enfermé au château de Loches.

En 1575, la garnison du château était de 800 hommes. L'année suivante, le duc d'Alençon, mécontent de la conduite du roi envers lui, se sauva de la cour et consentit à servir de chef aux mécontents. Les calvinistes profitèrent de cette circonstance pour le mettre à la tête de leur parti. Il s'était retiré depuis quelque temps à l'abbaye de Beaulieu, lorsque la reine Catherine vint le trouver, escortée de son escadron volant, et accompagnée du maréchal de Montmorency. (Avril 1576.) Auprès du prince, se tenaient Beauvais-la-Nocle et Bernières, députés du parti calviniste. Le duc d'Alençon obtint dans cette conférence le gouvernement de l'Anjou, du Berry et de la Touraine. C'est cependant l'année suivante qu'il fit prendre possession du château par Jacques de Saint-Julien, seigneur de Narbonne, son maître d'hôtel. Le 18 avril, celui-ci présenta ses lettres de cachet au corps de ville, qui lui prêta le serment d'obéis-

---

1. Varilas, *Hist. de Charles IX*.

sance. Puis, le 20, il procéda, en présence d'Antoine Anglerais, dit Chicot, porte-manteau du roi et lieutenant du marquis de Villars, à l'inventaire des munitions.

Cette opération terminée, il somma Chicot de lui remettre les clefs du château. Mais le malin Gascon lui répondit qu'il était le très humble serviteur de Monseigneur « auquel il veut bien obéir pourvu qu'on lui donne décharge suffisante dud. sieur et de Monsieur l'amiral qui l'a nommé son lieutenant audit chastel et soubz lequel il s'en est chargé ». M. de Narbonne prétendit que sa commission suffisait. Mais Chicot n'en voulut démordre.

Le 1er mai, seulement, M. de Narbonne put obtenir la remise des clefs. Chicot partit avec ses soldats, et le commandement de la place fut donné au capitaine Durbois, lieutenant sous l'autorité de monseigneur de La Châtre, qui prit le titre de gouverneur de la ville de Loches et de Beaulieu, en remplacement de l'amiral de Villars.

On peut supposer d'après cela que l'influence calviniste dominait dans le pays. Cependant le duc d'Alençon, qui venait de prendre le titre de duc d'Anjou à l'avènement de son frère, ne tarda pas à abandonner ses alliés. L'année précédente, une lettre de Henry III avait été adressée aux habitants, pour leur annoncer l'arrivée du sieur de Chavigny, chargé de leur faire entendre certaines choses de sa part. Il s'agissait de la ligue. Deux députés furent envoyés à Tours pour s'aboucher avec le sieur de Chavigny ; mais celui-ci avait quitté la ville.

Le samedi 15 novembre 1578 le roi fit arrêter maître Jean Perrier, avocat et capitaine ancien de la rue Saint-Antoine, « grand massacreur de huguenots, et le fit mener au chasteau de Loches, sous prétexte de conspiration avec l'Hespagnol et ceux de Guise (récompense qui lui estoit

bien deue pour ses services de la Saint-Barthélemy). »
(Lestoile.)

Le château de Loches, malgré quelques tentatives peu
sérieuses en 1579, continua d'appartenir au parti catholique. Cependant le gouverneur crut devoir, en 1582, faire
couper les ponts de la ville par mesure de sûreté.

Les calvinistes avaient presque toujours l'œil ouvert sur
Loches, à cause des approvisionnements considérables
amassés depuis longtemps dans la ville « où tout était plein
comme un œuf, depuis la cave jusques aux lattes, comme
en un port assuré et en ung fort imprenable et invincible ».
La garnison du château, composée de dix ou douze soldats,
était commandée, pour M. d'Épernon, par le capitaine
Montlouis, déjà vieux, mais faisant bonne garde. La
ville n'avait qu'une milice bourgeoise, peu nombreuse, peu
disciplinée et de peu de défense, parce que les principaux
habitants étaient à la guerre ou avaient succombé aux maladies contagieuses. Le lieutenant-général de la justice,
maire perpétuel, était Gilbert Seguin, sieur de Saint-Lactensin, homme de faible constitution, élevé par le ministre
protestant d'Issoudun, gendre et successeur de ce même
Jehan Baret, sieur de l'Étang, qui avait été accusé si violemment par le lieutenant civil de Ceriziers, d'être le chef des
réformés du pays (1587).

Il ne paraît point, toutefois, que les tentatives de surprise
aient réussi. Au contraire, on envoya à Loches, comme en
une prison sûre, et sous la garde de Sallern, lieutenant du
duc d'Épernon, Charles de Lorraine, duc d'Elbeuf, après
l'assassinat de son cousin Henry de Guise au château de
Blois. Le duc d'Elbeuf n'habitait point la forteresse, mais
le bâtiment occupé aujourd'hui par la sous-préfecture et
qui servait alors de logis au gouverneur. Il y vécut long-

temps avec sa fille, et leurs noms figurent assez souvent, en qualité de parrain et de marraine, sur les registres des baptêmes (1588).

Après la mort de Henry III, Loches s'empressa de reconnaître le roi de Navarre. Mais les ligueurs, considérant la place comme importante, essayèrent plusieurs fois de s'en emparer par surprise. En 1590, ils étaient maîtres des châteaux de Cloffy et de l'Étang. La forteresse de Loches gênait leurs communications avec le Poitou. Gaillard de Sallern les tenait en respect ; il leur prit même le château de la Guerche, pendant l'absence de Villequier, qui périt dans la Creuse en voulant y rentrer, et il leur fit lever deux fois le siège de la Roche-Pozay.

A partir de ce moment, le rôle politique et militaire du château de Loches est terminé. Mais il continua à servir de prison d'État et reçut encore des hôtes illustres. Nous avons peine à poursuivre cette triste nomenclature. Il le faut pourtant, puisque-là seulement nous trouvons les matériaux de notre histoire.

XI

LE MARQUIS DE CHANDENIER. — UNE PROTESTANTE. — LES DÉTENUS DE L'AN II (1648-1792).

ENDANT les guerres de religion, nous trouvons le nom d'un sieur Baudini, Italien, de la parenté du cardinal Baudini, que le duc d'Épernon gardait au château dans l'espoir d'en tirer rançon. L'auteur qui nous donne ce renseignement va jusqu'à dire que ce prisonnier avait été mis dans une des cages de fer. (Dubuisson, ms.)

Nous devons dire cependant que ceux dont nous rencontrons les noms, à partir de Louis XII, paraissent plutôt avoir été internés dans l'enceinte du château, sous la surveillance du gouverneur, que de véritables prisonniers renfermés rigoureusement dans la forteresse. Aussi nous citerons pour mémoire seulement les noms de La Chalotais et de Mme de Murat.

Mais un véritable prisonnier, traité avec la dernière injustice et la dernière rigueur, fut le marquis de Chandenier, François de Rochechouart. Il était premier capitaine des gardes du corps, lorsque le 15 août 1648, le roi étant à vêpres aux Feuillants, le marquis de Gèvres, capitaine des gardes en service ce jour-là, commanda qu'on fît sortir du cloître les archers du grand-prévôt, qui n'y devaient pas entrer. Les archers se mirent en défense. Il y eut un tumulte. Le cardinal Mazarin fut effrayé au point de changer de couleur, et sa crainte fut aperçue de tout le monde. Pour se venger, il destitua le marquis de Gèvres, et envoya chercher Chandenier pour le mettre à sa place. Les autres capitaines protestèrent contre cette injustice, Chandenier tout le premier. C'était, dit Saint-Simon, un homme haut, plein d'honneur, d'esprit et de courage. Il n'en fallait pas plus pour porter ombrage au Mazarin.

Il y avait aussi d'autres raisons, que le cardinal de Retz raconte dans ses mémoires. Chandenier était venu trouver un jour le coadjuteur et lui demander s'il était serviteur du roi. Sur sa réponse affirmative, Chandenier lui dit en l'embrassant: « Et moi aussi, je suis au roi comme vous, mais, comme vous aussi, contre le Mazarin ; pour la cabale, cela s'entend, car au poste où je suis, je ne voudrais pas lui faire du mal autrement. » Puis il ajouta qu'il n'était pas si mal avec la reine qu'on le pensait, et qu'il trouverait bien dans sa place des moments à donner de bonnes bottes au Sicilien.

Le « Sicilien » n'était pas homme auquel on pût cacher longtemps ces petites menées. L'affaire des Feuillants lui fournissait l'occasion de se venger, et de placer auprès du roi son propre capitaine des gardes. Il fit demander la démission de Chandenier, en lui offrant le prix de sa charge, qu'il donna au duc de Noailles. Chandenier refusa. Le cardinal fit consigner la somme, et prêter serment à Noailles en qualité de capitaine.

Chandenier était pauvre, et l'on espérait que la nécessité vaincrait sa résistance. Il n'en fut rien ; la cour lassée l'envoya au château de Loches *au pain du roi*, comme un criminel, et arrêta tous ses petits revenus. Dans cette dure et injuste captivité, sa fermeté demeura inébranlable. Il vécut du pain du roi, et de ce que les bourgeois de Loches lui envoyaient dans une petite écuelle qui faisait le tour de la ville. Cette « petite écuelle » nous paraît moins un soulagement pour le prisonnier, qu'une sorte de protestation silencieuse, et d'hommage pour une infortune si noblement portée.

« Jamais il ne se plaignit, jamais il ne demanda ni ses biens ni sa liberté. Près de deux ans se passèrent ainsi. A la fin, la cour, honteuse d'une violence sans exemple et si peu méritée, plus encore par ce courage qui ne se pouvait dompter, relâcha ses revenus et changea sa prison en exil, où il a été bien des années, et toujours sans daigner rien demander. Il en arriva comme de sa prison, la honte fit révoquer l'exil. » (Saint-Simon.)

Durant son séjour à Loches, le marquis de Chandenier fut soutenu, non seulement par sa grande fermeté d'âme, mais encore par les sentiments d'une piété sincère. Malgré la modicité de ses ressources, il fit don à l'église collégiale d'une grande lampe d'argent, où ses armes étaient gravées avec cette inscription, touchante de la part d'un prisonnier : « *Franciscus, princeps Lemovicus, marchio de Chandenier, prætoriorum præfectus, in tenebris hanc dedit lucem, anno* 1675. »

Il revint à Paris, où il mourut en 1695, dans les sentiments d'une grande piété, après avoir consenti, dans l'intérêt de ses créanciers et par scrupule de conscience, à recevoir le prix de sa charge, qu'il avait refusé si longtemps. On obtint même qu'il vit M. de Noailles. « L'effet de la religion le soumit encore à recevoir cette visite, qui, de sa part, se passa froidement, mais honnêtement. »

A la même époque, une protestante fut aussi prisonnière au château, d'après la lettre de cachet suivante :

A Versailles, le 9 mai 1690.

Le roy envoye au château de Loches la femme d'un conseiller du Parlement de Thoulouze, laquelle est très opiniâtre dans la R. P. R. Vous pouvez la faire voir par des ecclésiastiques, pour tascher de la convertir, et au surplus la garder soigneusement, et empescher qu'elle n'escrive, ni reçoive aucune lettre, qu'elle ne passe par vos mains. Sa nourriture sera payée à vingt solz par jour, en cas que son mari n'y pourvoye pas.

SINGNELAY (1).

A M. le lieutenant de roy, à Loches.

Il ne reste à la prison aucune pièce d'archive pouvant présenter un caractère historique. Force nous est donc de laisser de nombreuses lacunes dans notre travail. Mais nous savons que M. le comte A. Boulay de la Meurthe est sur le point de publier une notice sur les prisonniers d'État à Loches, de 1650 à 1790, et d'autres documents du plus haut intérêt, tirés des Archives nationales. Cette publication, dont M. Boulay a bien voulu nous communiquer plusieurs extraits, fera la lumière sur des points encore inconnus de l'histoire du Donjon. C'est pour nous un devoir d'attendre l'apparition de son livre, et de nous en tenir à nos propres ressources, en regrettant les lacunes forcées et les intervalles trop grands que nous laissons dans la suite des faits.

Nous trouvons encore, au nombre des exilés, plutôt que des prisonniers, le célèbre La Chalotais.

Par suite des vexations du duc d'Aiguillon et de la tyran-

---

1. Ce nom est ainsi écrit sur la copie que nous avons sous les yeux. Mais il est probable qu'il faut lire Seignelay. — La prisonnière se nommait Mme Paul.

nie qu'il exerçait en Bretagne, le Parlement de Rennes, sur les conclusions de son procureur général, Louis-René Caradeuc de La Chalotais, avait donné sa démission. Cette affaire fit grand bruit. La Chalotais fut enlevé de chez lui avec son fils, et renfermé dans la citadelle de Saint-Mâlo, le 11 novembre 1765. Leur affaire fut évoquée au conseil le 22 novembre 1766, et les deux prisonniers furent transférés à la Bastille. Mais le roi, revenant sur sa première impression, prononça, le 22 décembre, l'extinction du délit et la discontinuation des poursuites. Les prisonniers sortirent de la Bastille; ils ne furent pas cependant tout à fait mis en liberté. On leur assigna pour résidence le château de Loches, où ils avaient une assez grande liberté, même celle de se promener à la campagne.

Sous Louis XIV et ses successeurs, et sous l'empire aussi, le château servit à la garde de nombreux prisonniers de guerre. Nous n'essaierons pas de rechercher les noms de ces hôtes passagers, noms obscurs que nous retrouvons en maint endroit sur les murailles.

Pendant la Révolution, un certain nombre de suspects furent enfermés au château; citons entre autres les religieuses de Beaulieu, nommées Viantaises : « Le 30 prairial an II de la République françoise une et indivisible, est antré dans la maison du Roy les 14 religieuses de Beaulieu. — 1. Françoise-Geneviève Francineau, âgé de 67 an, infirme. — 2. Maris-Antoinnet Fabris, âgé de 43 an, malade. — 3. Marguerits Richebourg, âgé de 32 an. — 4. Madellenne des Gault, âgé... — 5. Maris-Anne Deroitte-Chalus, âgé de 50 an. — 6. Maris-Anne Deroitte-Chalus, âgé de 65 an. — 7. Marguerites Deroitte-Chalus, âgé de 72 an. — 8. Anne-Jeanne de Vienne, âgé.... — 9. Mars (Marie) Aviaugés, infirme, 72 an. — 10. Maris-Anne Jugé, âgé de 35 an. — 11. Maris Lauriée, âgé de 45 an. — 12. Rennré Martineau, âgé de 70 an. — 13. Madellene du Coudré, âgé de 66 an. — 14. Maris Denisson, âgé de 52 an. — 15. Victoire Carré, âgé de 57 an. — 16. Françoise Tourmeau, âgé de 56 an. »

Cette même année, des détenus d'Amboise, furent transférés à Loches ainsi que le témoignent les deux lettres suivantes, manuscrites dans leur entier :

Tour de Loches, 6° messidor de l'an 2. de la Rep. f^{oise} vne et indivisible.

    Liberté, Égalité.   La République ou la mort

           Les détenus d'Amboise,
Aux citoyens composant le conseil municipal de la commune de de Loches.

Si depuis le commencement de la révolution il s'est trouvé des monstres ennemis de leur pays, il est aussi reconnu qu'il y a eu des victimes innocentes. La loi a dû surveiller et punir les premiers, et venir au secours des derniers. Le législateur par l'immensité des traveaux qui lui sont confiés, ne peut descendre dans tous les détails, il ne voit point les ressorts que l'on fait jouer, pour satisfaire, sous le manteau de l'intérêt public des haînes particulières et tromper sa justice, mais le jour de vérité arrive tôt ou tard ; remplacés le 12 floreal, après avoir subi une première épuration au mois de pluviôse, la plus part de nous se sont vus de suite enfermés à la citadelle d'Amboise ; ce n'était pas assez de ce coup, on a surpris au représentant du peuple un ordre de nous transférer à la maison de détention de cette commune, où nous avons été déposés le trois de ce mois. Nous avons servi la révolution dès son principe ; c'est avec peine que nous nous voyons réduits a ne lui offrir que des veux, après avoir concourus à son affermissement de toute notre force, avec une consiance pure, nous attendrons tranquillement la justice qui nous est due, des commissions populaires doivent nous la rendre ; nous espérons que des administrations populaires, par des égards pour des patriotes opprimés, nous aiderons à attendre ce moment.

Beaucoup de nous peuvent dire nous fûmes comme vous.

Nous vous demandons, citoyens, de nous accorder la liberté de la promenade qui se trouve à l'entrée de la maison de détention, la platte forme se trouvant impraticable les trois quarts du jour part une chaleur aussi grande.

2° De pouvoir communiquer avec nos proches parents, cette liberté étant accordée dans presques toutes les maisons de détention de la République, même aux aristocrates.

3° De pouvoir lire les papiers nouvelles afin de suivre les progrès de nos armes, qui adouciront notre captivité, et connaistre la loy de notre pays.

Quelques mémoires remis à quelques membres de la municipalité peuvent persuader de la justice de notre cause, le temps la démontrera de plus en plus. Salut et Fraternité.

Signatures : MABILLE, ex-lieutenant de la garde nationale. — BESSONNEAU, ex-membre du Comité de surveillance, assesseur du juge de paix. — DIMER, agent ex-membre du Comité. — PILLERAULT-JOUVENET, cy-devant assesseur municipal. — CORMIER, cy-devant maire. — LEGENDRE FILS, cy-devant juge de paix d'Amboise. — DUPRÉ-GILLET, cy-devant membre du Comité de surveillance. — GUERTIN, ex-juge du tribunal d'Amboise. — LEGENDRE, ancien officier municipal, président du Comité de subsistance. — CARREAU-BOULLET, cy-devant commandant de la garde nationale d'Amboise. — CALMELET FILS (1) cy-devant agent national de la commune, encore membre du bureau de conciliation et ayant obtenu un certificat de Civisme depuis la dernière épuration.

---

1. Calmelet (Louis-François-Denis), né à Amboise le 22 avril 1767, fils de Louis-François Calmelet, procureur du roi en l'élection d'Amboise, et plus tard maire de cette ville. Elu membre de la municipalité d'Amboise en 1790, membre du directoire du district, procureur de la commune, juge de paix du canton de Bléré (vendémiaire an IV), commissaire du gouvernement près le tribunal d'Indre-et-Loire (ventôse an VI), procureur général près la cour de justice criminelle (28 floréal an XII), chevalier de la légion d'honneur (25 prairial an XII), substitut du procureur général impérial à Orléans (8 mars 1811), conseiller honoraire à la même cour (1820), député d'Indre-et-Loire (1827), officier de la légion d'honneur (31 décembre 1833), membre du Conseil général d'Indre-et-Loire, et de la Société d'agriculture ; mort le 16 novembre 1837.

(Carré de Busserolle, *Dict. geogr., hist. et biogr. d'Indre-et-Loire.*)

A la Tour de Loches ce 15 messidor, l'an 2ᵉ de République françoise une et indivisible.

    Liberté,   Egalité,
      La République ou la mort.

    Les détenus d'Amboise
  Aux citoyens officiers municipaux de la commune de Loches.

  Citoyens,

Nous venons d'obtenir du représentant du peuple un premier acte de justice, les femmes de quelques-uns de nous avoient été incarcérées à la suite de notre détention elle viennes d'estre rendues a la liberté. Nous comptons sur la notre aussitôt que le représentant sera également éclairé sur le compte de chacun de nous.

Mais en attendans nobtiendrons nous pas de votre humanité ce que nous lui avons déjà demandé, et n'aurez vous pas qu'elques égards pour des hommes qui ont servi la cause de la liberté jusquau moment de leure remplacement.

La loy, nous le savons, ne permet pas aux détenus de communiquer avec qui que ce soit; mais dans le temps où elle a été rendue, il ni avait guerre de détenus que des conspirateurs ou de frans aristocrates. On en était pas encore venus aux patriotes, tandis qu'on laissoit échapper tant d'aristocrates ai de bonne foy nous victimes de quelques ennemis, nous fonctionnaires publics à toutes les grandes époques de la révolution, pouvons nous être assimilés à des conspirateurs; et cependant nous couchons sous les verrous, nous ne pouvons pas sortir la porte de la geôle, nous ne pouvons pas jouire d'une promenade saine. Laisez nous celle qui est visavis notre prison, nous n'en serons pas moins des prisonniers puisque la grande porte du château est gardée et puis ne sommes nous pas tous des pères de familles.

Enfin prenez un peu d'exemple sur vos voisins, à Tours, à Amboise, et partout on laise aux détenus, à moins qu'ils ne soient véritablement suspects, toute liberté qui ne peut pas compromettre la sûreté de l'État.

Convenez aussi, magistrats du peuple, qu'il est bien dure pour des pères, des marys, de ne pouvoir embrasser leur femmes et leurs enfants. L'un de nous a actuellement ici deux enfans, dont le plus âgé a 12 ans et il n'a pu encore que les entrevoir que du haut de la tour.

Notre correspondance vous a passé par les mains ; vous avez vu quelles sont nos comuniquations; c'est avec des représantants du peuple, nos plus proches parents. Si elles se tendaient à d'autres objets ce ne serait certainement que pour les grands interest de la République aux quels aucun de nous n'a renoncé de travailler aussitot qu'il sera libre.

Cau moins nous emportions lidée flatteuse davoir trouvé à Loches durant notre triste captivité des magistrats aussi sensibles que patriotes.

Signé : Pillerault-Jouvenet, Dupré Gilles, Cormier, Dimer, Calmelet fils.

P.-S. Nous ne pouvons croire que l'extraction de quatre des onze que nous sommes arrivés puisent nuirent a notre juste réclamation ; ce sont autems d'affaires particullieres qui nous sont absolument étrangers. La preuve, c'est que nous sommes restés.

Il est difficile de s'imaginer quel était le régime des prisons à cette époque ; ce régime, où l'arbitraire flotte entre le ridicule et l'odieux, n'a rien à envier aux siècles les plus barbares de la féodalité. Nous aurons l'occasion de revenir, dans l'histoire que nous nous proposons d'écrire du Château royal (sous-préfecture), sur le traitement auquel ont été soumis les nombreux suspects qu'on y avait enfermés. Nous passerons rapidement aujourd'hui sur cette triste époque de l'histoire du Donjon ; mais nous dirons en quelques mots quel était le règlement de la Tour en l'an II de la République.

Les détenus devaient être nourris à leurs frais, et même payer les citoyens, choisis parmi les plus pauvres et les plus républicains, chargés de les garder. Si, parmi les prisonsonniers, quelques-uns n'avaient pas le moyen de fournir à ces dépenses, les riches devaient payer pour les pauvres ; et, en cas de refus, l'autorité était invitée à *déployer la loi contre les rebelles*, c'est-à-dire à faire saisir leurs biens et

meubles. Une lettre de Mme Richebourg, l'une des Viantaises, nous édifie suffisamment à cet égard :

Citoyen,

Le citoyen Métivier, notre concierge, nous a fait la demande de trois sols par jour pour notre garde ; l'impossibilité où nous sommes de lui payer quatre livres dix sols par mois, puisque notre travail, quelqu'assidu qu'il soit, ne nous fournit a peine une pareille somme, nous lui avons offert trente sols pour chaque individu par trente jours, il ne s'en est pas contenté, il a été chercher dans l'instant même un sergent pour nous donner une assignation, et faire vendre le lit et le peu de linge à l'usage d'une chacune, l'extrémité facheuse ou nous nous trouvons réduite me fait avoir recours à toi, tends-nous une main secourable, serions-nous les seules de qui la malheureuse position ne te touchât pas? Sans ressources quelconques que ton humanité et celle du district, nous espérons que vous voudrez bien tracer ce que nous devons faire. J'attends, ainsi que mes compagnes, un mot de consolation de ta part.

Salut et fraternité
Ta citoyenne,
F. Richebourg.

A la tour du château ce 22 messidor, l'an 2 de la République française.

Une évasion des plus dramatiques eut lieu le 20 floréal an II. Un rapport du gardien Métivier constate que le nommé René Fontaine, domestique, demeurant au Puy, commune de Sepmes, vers dix heures du soir, s'est sauvé « par une crosée dans la chambre du colidor, a tombé dans la cour du puit et a gangné la tour dont il a pris une échelle de 18 rollons, apartienant au salpestrier, de là a pris ladite échelle pour monter à la fenestre de la petite tour donnant sur la vigne du citoyen Morinet, par où il a passer ; a tombé sur la butte de la petite tour ; de là a traversé la vigne du citoyen Ramonet, et après quoi il sest laissé tombé dans le cimetière [1] ; les voisins après avoir entendus plaindre ledit René Fontaine qui sont aller à son secour entre 3 et 4 heures du matin et l'on mis dans la bière qui ont trouvé dans le cimetière et sur le champ on l'a transporté à l'hôpital. »

La surveillance devint un peu moins sévère après la Terreur. Une lettre de la commission des administrations civiles, police et tribunaux, charge la municipalité de veiller à la répression des abus qui auraient pu se glisser dans les maisons de détention, et de concilier les mesures que réclame l'humanité avec le respect dû à la loi : « Si, sous le régime de la Terreur, les prisons étaient des tombeaux où les victimes descendaient vivantes, ce règne est passé. Les principes de justice de la Convention nationale ont vengé l'humanité outragée ; et le prévenu en perdant sa liberté, ne doit plus craindre, s'il est coupable, que sa conscience et la justice... Qu'il sera consolant pour vous de pouvoir présenter tous les mois au Comité de sûreté générale le tableau des bons traitements qu'éprouvent les détenus dans les prisons de la République, et de prouver aux partisans du Terrorisme, s'il en existe encore, que dans l'exercice d'une surveillance et d'une police sévères, on peut être juste sans cesser d'être humain. » (De Paris, le 6 pluviôse an III.)

Malgré ces belles et louables protestations, et ces mots pompeux d'humanité et de justice, l'état des prisonniers n'était pas consolant du tout. En l'an IV, on les mettait encore aux fers deux à deux, comme du temps de Louis XI, témoin un procès-verbal de tentative d'évasion de deux prisonniers *enfergés*. L'un d'eux avait fini par sortir son pied du

1. Le cimetière de l'ancienne église Saint-Ours, au bas des remparts.

fer, qui était resté au pied de son compagnon, et ils avaient déjà commencé à dégonder la porte de leur cachot, lorsque l'agent municipal, prévenu par le concierge, intervint, fit remettre aux deux prisonniers des fers plus étroits et mieux rivés et les fit descendre dans un des cachots de la forteresse, « très propre et très sain d'ailleurs, mais plus solide et plus sûr. »

En dépit de toutes les précautions, les évasions étaient fréquentes ; un relevé du registre des prisons constate à cette époque, mais à une date que nous n'avons pu préciser, la présence dans le château de cent soixante-seize détenus, répartis en chambrées de douze, quatorze, vingt-quatre, vingt-six, vingt-huit, vingt-neuf et quarante-trois individus des deux sexes, y compris même des enfants! Avec un pareil nombre, la surveillance était difficile, et d'ailleurs la garde, mal organisée, était insuffisante. Au mois de brumaire an IV, vingt-cinq prisonniers venant de Tours arrivèrent à Loches. Ils paraissaient assez insoumis. Les gardes nationaux requis pour les garder montrèrent une mauvaise volonté évidente. On finit cependant par trouver quatre hommes qui consentirent à faire le guet moyennant un prix exorbitant. Quelques jours après, et en deux fois, sur les vingt-cinq prisonniers, douze s'étaient échappés.

Un règlement conçu dans le même esprit que les autres prescrivait encore, à la date du 13 nivôse an VIII, de visiter le logement et la personne même des détenus deux fois par jour. « Les articles 15 et 21 du Code pénal, portant qu'il ne sera fourni aux détenus, aux dépens de la maison, que du pain et de l'eau, on devra leur procurer un travail utile, dont ils ne puissent abuser, et dont le produit sera employé conformément à l'article 17 du Code pénal, savoir: un tiers à la dépense commune de la maison, les trois quarts des deux autres tiers pour leur procurer une meilleure nourriture. Le surplus sera mis en réserve pour leur être remis au moment de leur sortie... Il ne sera fourni qu'aux seuls nécessiteux du linge et des vêtements aux dépens de la maison. Le commissaire de l'administration est autorisé à punir, ainsi qu'il le jugera convenable, ceux des détenus qui se rendront coupables d'insubordination, ou qui feront des tentatives pour s'évader, etc. »

Mais il est inutile de pousser plus loin une étude devenue désormais sans intérêt. Le château de Loches, à partir de l'an VIII, n'est plus qu'une maison de détention, il n'appartient plus à l'histoire. Il convient aussi de nous arrêter, et de clore cette trop longue liste de noms célèbres à tant de titres divers. Les farouches barons du moyen âge, les grands seigneurs, les illustrations du crime, les victimes de l'intrigue, de la politique et de la guerre, les bourreaux et les geôliers, disparus dans l'ombre du passé, ont fait place aux délinquants vulgaires, aux vagabonds et aux voleurs de bas étage.

Nous regrettons, en terminant, de n'avoir pu rattacher au sombre Donjon de Loches aucun souvenir gracieux. Forteresse ou prison, il était dans sa destinée de ne rappeler que la guerre, le deuil et l'oppression. Les carcans et les verrous, désormais inutiles, restent là comme des témoins de la barbarie disparue.

Aujourd'hui les puissantes murailles ne sont plus que des ruines ; les prisonniers ne sont plus que des ombres ; les cachots ne sont plus habités que par des souvenirs.

Les barrières sont tombées. On ne redoute plus les invasions des Normands ou des Anglais. On les attend. Du nord et du midi, le chemin de fer amène dans nos murs les touristes du monde entier.

Dans ces vieux débris de huit siècles, l'historien vient recueillir un souvenir qui s'efface ; l'archéologue, sonder une porte murée, scruter un ciment mêlé de charbon, déchiffrer une inscription gothique ; le soldat, étudier les règles de la fortification et la portée des engins de guerre. Le poète vient y chercher une strophe émue, l'artiste un croquis, les blondes ladies un peu de frisson, de frayeur et de vertige...

Et du haut de nos vieilles tours croûlantes, les visiteurs ne découvrent à leurs pieds qu'une ville ouverte et paisible, une petite rivière qui se roule et se déroule comme un ruban d'argent à travers les prairies verdoyantes, et des coteaux couverts de vignes et de moissons, qui montent jusqu'aux horizons bleus de la forêt.

XII

GOUVERNEURS.

ous les auteurs qui se sont occupés de l'histoire de Loches ont négligé de donner la liste des gouverneurs et capitaines du château. Chalmel l'a essayé, mais d'une manière incomplète. M. Lesourd en avait dressé un tableau qui a été inséré dans les Tablettes chronologiques du chevalier de Pierres. — Profitant des recherches de nos devanciers et de nos découvertes personnelles, nous essaierons à notre tour de reconstituer cette liste, regrettant d'y laisser encore de nombreux vides ; cependant nous avons été assez heureux pour indiquer 70 noms de gouverneurs, sous-gouverneurs, capitaines, etc., tandis que M. Lesourd n'en donne que 54, dont plusieurs font double emploi.

Dans la première période de cette histoire, il n'y eut guère que des capitaines, chefs militaires désignés quelquefois sous le nom de prévôts, et leurs lieutenants. A partir du XVIe siècle, l'administration locale se composait du gouverneur, — ordinairement un personnage important, — ayant sous ses ordres un lieutenant de roi qui commandait lui-même au capitaine de la citadelle. Nous nous sommes efforcé d'observer autant que possible ces distinctions.

ADALANDE, originaire d'Orléans. — Le roi Charles le Chauve lui donna la garde du château de Loches contre les Normands (840).

GARNIER, fils d'Adalande, fut seigneur de Loches à titre héréditaire, puisque sa fille porta ce domaine dans la maison des comtes d'Anjou, par son mariage avec Foulque le Roux (886).

ARCHALDE est désigné comme capitaine de Loches dans une charte de Geoffroy en faveur de l'abbaye de Marmoutiers (965). — (Dufour, p. 40.)

ARCHAMBAULT. — Le comte d'Anjou disposa de la charge de capitaine ou prévôt de Loches en faveur d'Archambault qui épousa la fille d'Archalde [1]. (Dufour, p. 40.)

LISOIE DE BAZOGERS, sénéchal de Foulque Nerra, épouse la fille d'Archambault de Buzançais (1016).

AIRARD succède à Lisoie de Bazogers dans le gouvernement du château de Loches; il est désigné dans la charte de donation de l'église Saint-Ours à l'abbaye de Beaulieu (vers 1044), dans une autre charte non datée en faveur de Marmoutier.

ERBERT. — A la même époque, Erbert est aussi qualifié de *præsopitus* dans la charte de donation de Saint-Ours. Il est nommé avec ce titre à la suite des chanoines de Loches, tandis que le nom d'Airard se trouve immédiatement après celui des moines de Beaulieu.

GEOFFROY PAPABOVEM (vers 1063), seigneur de Rillé. — Il nous est impossible de retrouver le texte où nous avons vu le nom de Geoffroy Papabovem, avec la qualité de prévôt de Loches. Mais une charte de Mar-

---

1. Il est probable, sans que nous puissions l'affirmer, que ce prévôt est Archambault de Buzançais.

moutier le désigne comme époux de Marca, fille d'Airard, prévôt. Si cet Airard est le nôtre, ce qui est probable, il n'est pas surprenant que son gendre lui ait succédé plus tard. On peut voir par les noms qui précèdent que la transmission de la charge du beau-père au gendre était assez fréquente. Nous ne le mentionnons que sous réserve.

Nous trouvons encore dans le cartulaire de D. Housseau deux noms : Vivien, chevalier du château de Loches, et Aimery de Loches. Nous ne savons si ces deux personnages ont exercé une autorité quelconque.

GAUTIER FECIT-MALUM ou FAIMAU (vers 1120). — Charte notice : Foulque le Jeune s'informe auprès de Gautier Fecit-Malum, prévôt de Loches, si les religieux de Marmoutier habitant le Louroux lui devaient légalement une redevance de cent sols. (D. Housseau, n°s 1405 et 1413.)

BURDALIUS (1123). — Mention d'une charte de 1123 où il est question de Gautier Faimau, prévôt de Montbazon, et d'un nommé Burdalius, gouverneur du château de Loches. (D. Housseau, n° 1423.)

HERNER DE MONTBAZON (1173), *Hernerus,* prévôt de Loches, signe comme témoin la charte datée de Beaulieu, par laquelle Henry II, roi d'Angleterre, donne le lieu de Beaugerais à l'abbaye de Loroux, en Anjou. (Dufour, v° Loché.)

HENRY (vers 1176), comparaît comme témoin, avec le titre de *præpositus de Lochis,* dans la charte de fondation de la chartreuse du Liget, par Henry II, roi d'Angleterre.

Peut-être est-ce le même que le précédent, et n'y a-t-il dans l'un ou l'autre nom qu'une erreur de lecture ou une faute de copiste. En l'absence de la pièce originale, il est impossible de rien affirmer. Cependant la ressemblance du nom est frappante, et le nombre des jambages des lettres est le même.

GUI DE LAVAL ou de **VAN GUINOSSE** (*Guido de Valle Grinosa*, d'après la grande chronique de Tours, 1194). Fait prisonnier lorsque Richard s'empara du château, le 11 juin 1194.

Peut-être faudrait-il distinguer sous ces deux noms deux personnages différents, et sous le nom de Gui de Laval un des membres de cette illustre maison, Guy IV, qui avait épousé une fille naturelle de Henry II, roi d'Angleterre. (V. Moreri, v° Laval.)

DE TURNEHAM et **GIRARD D'ATHÉE**. — Robert de Garlande, chevalier, seigneur de Turneham, était sénéchal de Touraine en 1192. Il ravitaillait la place de Loches en 1203. Dans un acte de 1201, Girard d'Athée est qualifié de lieutenant de Robert de Turneham, sénéchal de Touraine

Il paraît résulter de tous les documents historiques que c'est lui qui commandait au château de Loches en 1205, lorsque Philippe-Auguste s'en empara. Cependant, par une lettre adressée au sénéchal de Loches (du 29 juillet 1204), le roi Jean ratifie le don fait par Girard d'une rente perpétuelle de cent sols, assignée sur les revenus du roi à Loches. On doit en conclure qu'il y avait un sénéchal particulier pour la place de Loches, indépendamment de Girard, qui était gouverneur de la province. Robert de Turneham avait été nommé sénéchal du Poitou.

V. les recherches sur Girard d'Athée, par Lambron de Lignim et les nouvelles recherches sur le même par André Salmon.

GUILLAUME D'AZAY. — Lettres de Guillaume des Roches, sénéchal d'Anjou, constatant que les religieux de

Villeloin se sont accordés avec Tancrède du Plessis au sujet du bois de Chedon. Cet accord fut conclu à Loches devant Jehan Lemosine et Girard d'Athée, et Guillaume d'Azay, prévôt de Loches, l'an 1201. (D. Housseau, n° 2153.)

Guillaume d'Azay figure sur la liste des chevaliers bannerets de Touraine sous Philippe-Auguste : « Guillelmus de Azaio. »

DREUX IV DE MELLO. — Seigneur de Saint-Prisc, au diocèse d'Auxerre, accompagna Philippe-Auguste en Palestine en 1191, et donna tant de preuves de son mérite et de son courage au siège de Saint-Jean d'Acre, que le roi l'honora de la charge de connétable de France, vacante par la mort de Raoul Ier, comte de Clermont[1]. Le roi donna les places de Loches et de Châtillon à son fils Dreux V. Il mourut âgé de 80 ans, le 18 mars 1218, ainsi que porte l'inscription qui se voit sur son tombeau dans l'église de Saint-Prisc. (Le P. Anselme.)

Il est au nombre des chevaliers bannerets de Touraine.

DREUX V DE MELLO. — Seigneur de Loches et de Mayenne, fils de Dreux IV et d'Ermentrude de Moucy, seigneur de Loches et de Châtillon-sur-Indre. Ce seigneur paraît avoir résidé principalement à Loches, où il a signé plusieurs chartes. Il fit de nombreuses donations aux Chartreux du Liget, aux abbayes de Beaugerais et de Villeloin, et au chapitre de Loches, pour fonder des anniversaires et obtenir des prières pour lui, sa femme Élisabeth et ses ancêtres. En 1248, au mois de juillet, il partit pour la croisade ; il mourut dans l'île de Chypre, le 8 janvier 1249, sans laisser d'enfants d'Isabel (ou plutôt Élisabeth) de Mayenne. (Le P. Anselme ; D. Housseau.)

---

1. Par une charte datée de Beaulieu du mois d'avril 1205.

Philippe d'Esvres. — Qualifié de chevalier, seigneur de Loches dans une charte de 1232, provenant des archives du prieuré du Grès (D. Housseau, 2715). Dreux de Mello étant à cette époque seigneur de Loches, Philippe d'Esvres ne peut être considéré que comme son lieutenant. Nous ne le mentionnons que sous réserves. On retrouve encore son nom, mais avec la seule qualification de chevalier, dans deux chartes de D. Housseau, n°s 2724 et 3252.

Guarin de Roce io. — Chevalier, châtelain de Loches, mentionné dans une enquête faite par l'archevêque de Bourges sur les différents existant entre l'abbaye de Villeloin et le bailly de Touraine (XIII° siècle. D. Housseau, 2, XXI, n° 4). Nous ne savons quel rang précis il convient d'assigner à ce *châtelain*.

DREUX VI DE MELLO. — Frère puîné de Guillaume Ier de Mello, et neveu de Dreux V, reçut Loches et Châtillon pour sa part dans la succession de son oncle. Mais saint Louis prétendait que la donation faite par Philippe-Auguste était personnelle, et que dans tous les cas, à défaut d'héritiers directs, les deux places devaient faire retour à la couronne ; une transaction intervint. Dreux de Mello renonça à ses prétentions, et abandonna tous ses droits au roi, en échange d'une rente de 600 livres parisis. Cet accord fut fait en Égypte, proche le fleuve du Nil, au mois de décembre 1249.

PIERRE LE VOYER DE PAULMY. — D'une des plus anciennes maisons de Touraine, qui doit son origine, suivant l'ancienne tradition du pays, à un capitaine appelé Basile, fort aimé de l'empereur Charles le Chauve, qui lui assigna des terres près de Loches, vers 877. Ce Basile qui fut surnommé Voyer *(Vicarius)*, transmit ce dernier nom à ses descendants. Othon le Voyer, son petit-fils, donna le nom de Paulmy à la place dont son grand-père avait jeté les fondements. (Moreri. Belleforêt, *Cosmographie*.)

Pierre Ier était le petit-fils du fondateur de l'abbaye de Beaugerais ; il épousa Philippe, fille de Jean, vicomte de la Roche de Gennes, et de Jehanne d'Azay, cité dans une charte de l'an 1300.

GUILLAUME LE VOYER DE PAULMY.— Gouverneur de Loches, capitaine de cent hommes d'armes, fils de Pierre Ier, épousa Philippe de Laval, dame de Princé, fille de Gui VIII de Laval. Son second fils, Guillaume, se fit prêtre, et donna tous ses biens aux églises d'Angers, de Loches, de Paulmy, etc., par testament de l'an 1328.

PIERRE DE BROSSE.— D'après Chalmel, Pierre de Brosse, sergent d'armes du roi saint Louis, était en 1344 gouverneur du château de Loches. Philippe de Valois lui accorda, l'année suivante, une récompense de 30 livres de rente pour lui et ses héritiers en droite ligne. Il était petit-fils du ministre Pierre de Brosse qui fut pendu en 1278. *(Tablettes chronologiques.)*

En 1213, un Pierre de Brosse, premier du nom, fait une donation à l'église de Benais. Le second de ses fils, Pierre II, sergent d'armes de saint Louis, mort avant 1252, eut pour successeur Pierre III qui, de barbier et chirurgien du roi, devint premier ministre sous Philippe le Hardi, seigneur de la Brosse, de Langeais, de Damville, de Nogent, de Châtillon-sur-Indre, etc., et qui fut pendu en 1278. L'aîné de ses six enfants, Pierre IV, eut en partage la terre de la Brosse ; il devait épouser une fille de la maison de Parthenay, mais ce mariage fut rompu par la condamnation de son père. (Le P. Anselme.)

Il est facile de voir en rapprochant toutes ces dates que

le gouverneur de Loches dont parle Chalmel ne saurait être, en 1345, qu'un cinquième personnage du nom de Pierre, petit-fils de Pierre III, et sur lequel nous ne savons rien autre chose, et qu'il ne saurait être question à cette date du sergent à masse de saint Louis. L'erreur de Chalmel est vraiment singulière.

ENGUERRAND DE HESDIN (1358-1364). — Mal nommé par Dufour et Chalmel, d'Eudin, Dubin, Engevain Darion, Eugevin d'Eurin, conseiller et chambellan du roi, était capitaine et châtelain de Loches.

André de Famont. — Lieutenant de Enguerrand de Hesdin, est envoyé, en 1359, pour traiter de la paix avec Basquin du Poncet, qui occupait Veretz et la Roche-Pozay. (Comptes municipaux de Tours publiés par M. J. Delaville Le Roulx.).

JEHAN D'AZAY. — Succède à Enguerrand de Hesdin en août 1364; est encore capitaine en mai 1369.

Guillaume Jolain ou Joulain. — Capitaine du château de Loches sous Jehan d'Azay. (Comptes municipaux de Tours.)

PHILIPPE Iᵉʳ DE VOYER. — Chevalier, seigneur de Paulmy, petit-fils de Guillaume, suivit le duc de Bourbon en Espagne, en 1386 et en 1400. Soutint contre les Anglais un siége dans son château de Paulmy, dont une partie fut brûlée.

JEHAN DU BOUSCHET. — « ...*pro Johanne du Bouschet, domino de Lardière* (au 11 avril)... *Olim capitaneo hujus castri Lochensis* (au 2 août). » Nécrologe de l'église de Loches.

En 1377, le château de Montrésor, saisi judiciairement sur feu Pierre de Palluau, est adjugé à Jehan du Bouschet. Nous pensons que c'est le même. Le nécrologe de Loches n'indique point l'année.

GUILLAUME DE MAUSSABRÉ (1380). — Capitaine, gouverneur du château et ville de Loches (*Armorial de France.*— De Pierres.— X. de Busserolle, *Armorial de Touraine*).

D'après la tradition, le nom de Maussabré, Malsabré, aurait été donné à un gentilhomme nommé Gilbert qui, choisi avec plusieurs autres pour se mesurer à un nombre égal de Sarrasins, sortit vainqueur de la lutte, mais horriblement mutilé. Devise : « *A virtute nomen.* » Le mot *sabre*, inconnu en France au temps des croisades, est d'origine arabe.

Le château de Bussières près Loches, jolie construction de la Renaissance, appartient à cette famille depuis plusieurs siècles.

JEAN IV DE BUEIL (1387). — D'une illustre famille de Touraine, grand maître des arbalétriers de France, lieutenant général de Touraine, Guyenne, Languedoc, etc., chassa les Anglais de la Touraine, avec le secours de son frère, et s'empara de cent vingt villes ou places fortes. Il fut tué à la bataille d'Azincourt, où périrent seize personnes de son nom. (Lhermite Soulier.) En 1387 il était châtelain de Loches à 500 livres de gages. (Dufour, p. 100. — Le P. Anselme.)

ARTUS DE BRETAGNE. — Comte de Richemont, connétable de France, surnommé le Justicier, né en juillet 1393, fait prisonnier à la bataille d'Azincourt, en 1415, resta prisonnier en Angleterre jusqu'en 1420. A la mort du roi d'Angleterre Henri V, auquel il avait été forcé de jurer fidélité pour recouvrer sa liberté, il embrassa le parti du roi de France, qui lui donna les trois places de Lusignan, Chinon et Loches (1422), et le fit connétable en 1424.

Il fut un des ambassadeurs qui signèrent le traité d'Arras (1435).

En 1451, il fit hommage au roi qui était alors à Montbazon, pour le comté de Montfort, puis au printemps suivant il vint trouver à Loches le prince qui lui donna la charge de la basse Normandie. (Le P. Anselme, *Hist. des ducs de Bretagne* ; *Hist. des Connét.* Collect. Michaud et Poujoulat, *Hist. d'Artus III, comte de Richemont.*)

PIERRE D'AMBOISE (1441). — Seigneur de Chaumont, de Meillan, de Preuilly, de Sagonne, des Bordes et de Bussy, chevalier, conseiller et chambellan des rois Charles VII et Louis XI, épousa, en 1428, Anne, fille de Jean II, sire de Bueil, grand maître des arbalétriers de France, dont il eut huit fils et neuf filles.

Il était fils de Hugue III d'Amboise et de Jeanne de Guenand, dame des Bordes, fille unique de Guillaume de Guenand, seigneur des Bordes et d'Annette d'Amboise, dame de la Maisonfort. Il était gouverneur de Touraine. M. de Busserolle dans son *Armorial* le met au nombre des capitaines de Loches ; mais nous croyons que le titulaire de cette charge fut plutôt son cousin Antoine de Guenand des Bordes, qui suit.

Pierre d'Amboise mourut en 1473.

ANTOINE DE GUENAND DES BORDES (1440). — D'une illustre famille qui comptait parmi ses membres un archevêque de Rouen et un porte-oriflamme de France. Guillaume Guenand des Bordes fut chambellan du roi, lieutenant général de Touraine (1369), capitaine du château de La Haye. Les seigneurs de Guenand étaient qualifiés : chevaliers, seigneurs des Bordes, de Saint-Cyran-du-Jambot, Vitray, Tanchoux, Brossain, la Selle-Guenand, les Bordes-Guenand, seigneurs en partie de Tranchelyon. Antoine de Guenand était capitaine de Loches, lorsque le duc d'Alençon, Antoine de Chabannes et Pierre d'Amboise tirèrent le dauphin du château de Loches, pour le conduire à Moulins ; il avait épousé, le 1ᵉʳ avril, 1422, Orabe de Fontenay. (Lhermite Souliers. — Le P. Anselme. — Chalmel.)

Nous ne savons pourquoi plusieurs historiens ont transformé le nom de ce capitaine en celui de Guenault, Guinault, Gunant et Gimant. Sa parenté avec Pierre d'Amboise, reconnue par ces mêmes historiens, ne laisse aucun doute sur son véritable nom.

JEAN BERNARD (1447). — Issu d'une famille qui a donné deux abbés de Beaulieu (1412-1426 et 1426-1442), et un archiprêtre de Loches. Jean Bernard fut archevêque de Tours (1445-1463). Gui, neveu de ce dernier, fut archidiacre de Tours, ambassadeur à Rome, avec Tanneguy du Chatel et Jacques Cœur (1448), évêque et duc de Langres en 1453, chancelier de l'ordre de Saint-Michel, en 1469. Son frère Étienne eut pour fils notre gouverneur, anobli par lettres du mois de janvier 1447, et nommé par Charles VII capitaine du château de Loches et grenetier à Chinon. (Dufour. — Moreri. — D. Galland, moine de Beaulieu, docum. mss.)

GUILLAUME DE RICARVILLE (1468). — *Lochensis capitaneus.* (Nécrologe de N. D. de Loches, au 11 août). — A commandé au château de Loches pendant la détention de Charles de Melun dont il avait la garde.

ROLAND Iᵉʳ DE LESCOUET. — Grand veneur de France, charge dans laquelle il remplaça, en 1457, Jean Soreau, écuyer, seigneur de Saint-Géran, frère d'Agnès Sorel, capitaine de Loches en 1461 à 1,200 livres de gage ; fut marié deux fois. Veuf de Thomine Péan, il épousa en secondes noces Marguerite Le Borgne. On assigne à sa mort plusieurs dates dont la plus vraisemblable est le 10 décembre 1467. Son tombeau était composé de quatre lames de cuivre rouge, attachées par des bandes de fer plates, avec cette épitaphe :

> Sous ce piteulx édifice doland (1)
> Se gist le corps de messire Rolland
> De Lescouet (2) très léal chevalier
> En son vivant châbellan côseiller (3)
> Du roy des Francs, et grand veneur de France,
> De Montargis bailly de grand prudence (4).
> Maistre des eaulx et forests (5) de Touraine,
> De Loches fut général capitaine,
> Et de Bourgoin ; moult vaillant et expert ;
> Seigneur aussi estoit (6) de Kéripert
> Et de Kemblec (7), voire de Grillemont,
> Qui trespassa, comme tous vivans font,
> Le jour mortel dixième de décembre
> Mil et cinq cens (8); de ce suis je remembre.
> Et puis lui mort fut mis soubz cette lame.
> Priés à Dieu qu'il veuille avoir son âme.

L'auteur d'une *Lettre adressée au gazetier de Tours, le 27 avril* 1774, insérée le 7 mai suivant, qui a vu cette tombe, s'exprime ainsi : « Il y a aussi dans la même église, sous le grand crucifix, devant la porte d'entrée du chœur, une tombe basse composée de quatre lames de cuivre attachées avec des bandes de fer plates, que plusieurs auteurs, entre autres M. Desmarolles, abbé de Villeloin, dans son

1. Variantes : 1º Dolent. — 2º Dulescouet. — 3º Chambellan conseiller. — 4º Bailly de grant prudence. — 5º Forestz. — 6º Seigneur estoit aussi. — 7º De Kerbellec. — 8º Ces derniers vers ont donné lieu à plusieurs lectures. Dufour, Chalmel et de Pierres, disent « mil et cinq cents » M. Lambron de Lignim dans sa note sur le château de Grillemont rétablit ainsi les trois derniers vers :

« L'an mil quatre cent, de ce suis je remembre
» LXVII fut mis sous cette lame
» Priez à Dieu qu'il en veuille avoir l'âme. »

Abrégé d'histoire de France a prétendu être le tombeau de Ludovic ou Louis Sforza, qui fut longtemps prisonnier dans le château où il mourut. Il est à présumer que ceux qui ont assuré ce fait n'avaient pas vu l'épitaphe qui est sur la même tombe, gravée en lettres gothiques relevées en bosse, dont voici les paroles : » Et l'auteur rapportant sans tenir compte de la disposition des lignes l'épitaphe ci-dessus transcrite avec les variantes que nous avons notées, termine ainsi : « ... qui trépassa côe tous vivants font, le jour mortel 10e de décembre l'an 1400, de ce me suis je remembré lui fut mis sous cette lame prier à Dieu qu'il en veuille avoir l'âme. »

Nous pensons que la date devait être écrite ainsi: L'AN M. CCCC. LXVII, etc., et ces derniers chiffres ont pu, dans un examen rapide, être pris pour les lettres composant le mot LVI qui commence l'avant-dernier vers.

Dans le nécrologe de N.-D. de Loches, à la date du 29 novembre, est mentionné un don de cent écus neufs fait au chapitre par dame Marguerite, veuve de Rolland de Lescouet, chevalier, autrefois capitaine du château. Cette mention se termine ainsi : « *Obiit autem dictus de Lescouet die 10 décemb. anno domini 1400.* »

BERTRAND DE LESCOUET. — Écuyer, conseiller du roi, capitaine de Loches, seigneur de Grillemont, fils de Roland Ier. D'après le cartulaire de D. Housseau cité par M. Lambron, Bertrand porte le titre de capitaine de Loches dans des titres depuis le 30 mars 1469 jusqu'au 6 avril 1475. Les comptes de Jehan Briçonnet donnent également cette dernière date. (Dufour, Chalmel. — *Notice sur Grillemont* par M. Lambron de Lignim. Mém. de la Soc. arch. de Touraine, t. VII.— D. Galland, ms. de Beaulieu, etc.).

FRANÇOIS DE PONTBRIAND (1500-1521). —

Chevalier, seigneur de la Villate, capitaine de Loches, et maistre des eaux et forêts de la châtellenie de Loches (Acte du 4 mai 1500 au sujet des héronnières du roi. Arch. de Loches). Les habitants de Loches lui firent don de quatre muids d'avoine pour services rendus à la ville, par acte du 22 mai 1503. Il assistait au mariage de Louis XII et d'Anne de Bretagne. — Le nécrologe de N. D. lui donne les titres de haut et puissant seigneur, chevalier d'honneur et grand chambellan de la très illustre reine Claude de France. D'après le même document il mourut à Cléry, le 11 septembre 1521.

Pierre du Douet. — Écuyer, seigneur de la Cochetière, lieutenant de Loches sous M. de Pontbriand. (Nécr. de N. D.)

ADRIEN Ier TIERCELIN DE BROSSES (1519). — Chevalier, seigneur de Brosses[1] et de Sarcus, chambellan du roi et chevalier de ses ordres, sénéchal de Ponthieu, capitaine gouverneur du château de Loches, en 1519, mort à Blois, en 1548. Son fils Nicolas Tiercelin d'Appel-Voisin était abbé de Beaulieu, en 1576, lorsque le duc d'Alençon se retira dans cette abbaye, où sa mère Catherine de Médicis vint le trouver pour traiter avec lui. Nicolas Tiercelin était aumônier de Charles IX lors de la Saint-Barthélémy ; il mourut en 1584.

Ce capitaine avait pour lieutenant Pierre du Douet de la Cochetière dont nous venons de parler.

JOACHIM DE LA CHATRE (1524). — Chevalier, seigneur de Nancay, capitaine des gardes du corps du roy, prévôt de l'ordre de Saint-Michel, gouverneur d'Orléans et bailly de Gien, épousa Françoise Foucher, dame de

---

1. La seigneurie de Brosses était située dans la paroisse de Luzillé.

Thénie. Le roi lui confia, par lettres du 20 mars 1524, la garde du comte de Saint-Vallier.

PIERRE DE LA TOUSCHE (1526.) — Escuyer, seigneur de la Ravardière par Loudun, capitaine du château de Loches, y mourut en 1526, au mois d'août ; il avait épousé Louise de Préaulx. D'après MM. Bauchet-Filleau et de Chergé, ce gouverneur s'appelait Guillaume et non Pierre.

JEHAN DE THAYS (1547). — Seigneur dud. lieu, capitaine de Loches, en 1547. M. de Busserolle indique la date de 1523. C'est évidemment une erreur. — Notre capitaine est bien Jean de Taix, maître des eaux et forêts de Loches, en 1529, pannetier de François Ier, chevalier de l'ordre du roi, capitaine de cinquante hommes d'armes, grand maître de l'artillerie de France, colonel général de l'infanterie française, qui contribua si puissamment au gain de la bataille de Cérisolles, en 1544. Accusé d'avoir plaisanté sur l'âge de Diane de Poitiers, il fut disgrâcié, en 1547, et se retira dans sa terre de Taix. Mais il avait sans doute conservé le gouvernement de Loches, puisqu'il est mentionné en cette qualité dans le compte municipal de Jehan Mocquet, en 1549, et qu'à deux reprises différentes, en 1549 et 1551, il s'oppose au passage par Loches des bandes d'aventuriers. Il fut tué en 1553, au siège de Hesdin, et fut enterré dans l'église de Sepmes, où nous avons reconnu quelques traces de sa sépulture sur le mur de droite, près du chœur.

JEHAN PRÉVOST, SEIGNEUR DE LA MÉNARDIÈRE, est désigné dans un inventaire des titres de la ville, de 1643, comme lieutenant du capitaine de Thais, en 1549. — Il est employé, en 1567, comme capitaine de soldats à 30 livres de paye par mois. — Enfin, dans l'inventaire des munitions du château, de janvier 1572, il prend le titre de lieutenant du marquis de Villars. — Il mourut probablement vers 1574, et il eut pour successeur Antoine de la Roche d'Anglerais. (Arch. de la ville.)

DE TALVOYS (1564). — Le 12 avril 1564, les habitants de Loches demandent « au seigneur de Talvoys [1], commandant au chasteau, s'il lui plait faire cest honneur à la ville de faire le voyage vers M. de Montpensier » pour obtenir que ses troupes ne soient pas mises en garnison à Loches. C'est probablement un membre de la famille des Aubus, à laquelle appartenait la seigneurie de Talvoys.

ANTOINE DE LA ROCHE D'ANGLERAIS, dit CHICOT. — Ce personnage n'est point un simple héros de roman, comme on pourrait le croire après avoir lu le portrait si amusant et si vrai tracé par Alexandre Dumas. Il était originaire de Gascogne, mais il dut venir d'assez bonne heure fixer son principal établissement dans notre ville. De Renée Barré ou Baret (dont le père était probablement le lieutenant général du bailliage que nous avons eu occasion de citer au cours de cette histoire), il eut plusieurs enfants dont les actes de baptême se retrouvent dans les registres de l'état civil de Loches [2].

Il était renommé non seulement pour ses bons mots,

---

[1]. Talvoys, près Chinon.

[2]. Du dimanche 9 décembre 1576, baptême de René Englerays, fils de Anthoine Anglerays, pourte-manteau du roy, et lieutenant pour sa majesté en son chastel de Loches. Parrains messire René de Prie, chevalier sgr dudit lieu, baron de Toussy et de Monpepon, et Anthoine Ysoré, prêtre, prieur de N.-D. de Loches et abbé de Toussainct en Anjou. Marreine damoiselle Renée de Quicampoix, dame de l'Isle Drogé et du Bornais. — En 1581, baptême d'un autre fils qui porte aussi le nom de Réné, Parrains haut et puissant seigneur Mgr René de Villequier chevalier des deux ordres du roy, conseiller d'Estat et privé dudit seigneur, premier gentilhomme de sa chambre, cappitaine de cent hommes de ses ordonnan-

mais aussi pour sa bravoure et son esprit aventureux, et
— faut-il le dire ? — pour son intempérance et son avarice.
Ce que d'Aubigné raconte de lui le peint en deux
mots : « Le Chicot, bouffon quand il vouloit, avoit un continuel dessein de mourir ou de tuer le duc de Mayenne,
pour avoir esté battu par luy ; et en recherchant cette occasion, il s'étoit fait tuer entre les jambes cinq chevaux en
deux ans. »

Les anecdotes concernant Chicot fourmillent dans les
mémoires du temps ; mais elles sont conçues en termes
trop libres pour trouver place ici. Quelques-unes cependant peuvent être mises sous les yeux du lecteur pour donner une idée du caractère de notre personnage, et des
familiarités que l'on tolérait de sa part.

Au mois de janvier 1580, Henry III, pour démentir un
bruit qui courait de sa maladie, voulut dîner en sa salle à
huis ouvert ; « dont Chicot, ayant rencontré le duc de
Guise, luy dit en plaisantant : « Tu vas voir comme se
» porte ton homme ; vien, vien, je t'y menerey ; tu vas
» voir comme il se porte. Jamais homme ne cassa mieux
» qu'il fait. Je me donne au diable s'il ne mange comme
» un loup. »

« Pour moy, — écrivait-il encore à sa femme dans une

---

ces, gouverneur et lieutenant général de Paris et Ysle de France, et noble homme Aimé de Chateau-Chalons, seigneur des Esses, chevalier de l'ordre du roy. — 19 mars 1584. Baptême de Anne, fille de noble homme Anthoine Anglerais, dit *Chicot*, premier porte-manteau du roy. Parrains Mgr le duc de Joyeuse, pair et admiral de France, gouverneur et lieutenant général pour le roi au pays et duché de Normandie, représenté par Mgr le Grand Prieur de Thoulouze, son frère, et Mgr de Nançay. Marraine Mlle du Bouchaige pour Mme la comtesse du Bouchaige, sa mère. — Signé : F. Ant. Scipion de Joyeuse, Nançay, Anne de Bartarnay.

lettre datée d'un cabaret de Loches, — pour moy les ecrouelles me sont venües, et j'ay grand besoin de voir le Roy, car le roy de Navarre n'en guérit point, non plus que ses compétiteurs, qui ont tout aussi bonne envie d'en guérir que luy. » — On sait que depuis saint Louis les rois de France avaient le singulier privilège de guérir les écrouelles en les touchant.

Lorsque Henri IV monta sur le trône, la faveur de Chicot ne fit que s'accroître. « Monsieur mon ami, — disait-il un jour au roi, en présence du duc de Parme, ambassadeur d'Espagne, — je vois bien que tout ce que tu fais ne te servira de rien à la fin, si tu ne te fais catholique. Il faut que tu voises à Romme, et qu'estant là, tu bourgeronnes le pape, car autrement ils ne croiront jamais que tu sois catholique... » La fin de cette boutade ne saurait être racontée.

« Je ne m'esbahis pas, — disait-il une autre fois, — s'il y a tant de gens qui abbayent a estre Roys, et si il y a de la presse à l'estre; c'est chose desirable; c'est un beau mot que Roy de France, et le mestier en est honneste : car en travaillant une heure par jour à quelque petit exercice, il y a moïen de vivre le reste de la semaine, et se passer de ses voisins. Mais pour Dieu, monsieur mon ami, gardez-vous de tumber entre les mains des Ligueus, car ils vous pendroient comme un andouille... Cela est dangereux pour le passage des vivres. »

En 1580, on faisait courir dans Paris les vers suivants :

Tout à toutes sausses.

Le pauvre peuple endure tout ;
Les gens d'armes ravagent tout ;
La sainte Eglise paie tout ;
Les favoris demandent tout ;

> Le bon roy leur accorde tout;
> Le parlement vérifie tout;
> Le chancellier scelle tout;
> La roine mère conduit tout;
> Le pape leur pardonne tout;
> Chicot tout seul se rit de tout;
> Le Diable à la fin aura tout.

Sa mort fut digne de sa vie. Au mois de décembre 1591, il accompagnait Henri IV au siège de Rouen. « Le comte de Chaligny[1] étant sorti avec 50 chevaux pour reconnaître les logements, les coureurs du roi le chargèrent. Luy se mettant bien avant parmi eux, trouva en teste le bouffon du feu roy Henry III, qui n'étoit pas connu seulement pour ses bons mots, mais aussi pour estre homme de mains, et qui alloit hardiment au combat. Il luy donna un coup d'espée sur la teste, et Chicot luy perça la cuisse d'un autre, dont il le renversa par terre; mais comme il sceut, par son escuyer qui se jetta dessus pour le couvrir et le nomma, que c'estoit luy, il oublia généreusement sa blessure, dont il mourut quelques jours après, et mettant pied à terre luy sauva la vie et en fit présent au Roy. » (Mézeray.)

D'autres prétendent que Chicot, après avoir pris le comte de Chaligny sans se faire connaître, l'amena au roi en lui disant : « Tiens, voilà un prisonnier que je te donne. » Le comte, furieux d'avoir été pris par un bouffon,

---

1. Henry de Lorraine, frère utérin de Louise de Lorraine, veuve de Henry III. — Le comte de Chaligny fut fait prisonnier au combat de Bures, en février 1592 (Lettres de Henry IV, dans la collection des Documents inédits). Pierre de l'Estoile, dans son journal de Henry III, place la mort de Chicot au mois d'avril 1592 : « En ce mois, et pendant le siège de Rouen, mourut Chicot, fol du roy, et cependant bon soldat, mais yvrogne. Le roi aimait cest homme tout fol qu'il estoit, et ne trouvoit rien mauvois de tout ce qu'il disoit. »

et du peu de cas que ce dernier paraissait faire de lui, lui donna un grand coup d'épée, dont il mourut quinze jours après, faute de soins.

Il y avait, dans la chambre où il était malade, un soldat mourant. Le curé du lieu, entêté des visions de la Ligue, vint pour le confesser, mais il ne voulut pas lui donner l'absolution, parce qu'il était au service d'un roi huguenot. Chicot, témoin de ce refus, se leva en fureur de son lit, et pensa tuer le curé, et l'aurait fait s'il en eût eu la force ; mais il expira quelque temps après. Ce bouffon mourut très riche. *(Dict. hist.* de Chandon et Delandine.)

Il fut enterré au Pont-de-l'Arche. La sépulture de plusieurs membres de sa famille était à Loches, dans la chapelle des Cordeliers, aujourd'hui détruite pour l'établissement du chemin de fer. On y voyait encore, en 1645, son portrait sur bois ou sur toile, placé dans le chœur, contre la paroi du côté de l'Évangile : « Petit homme noir, barbe rase, cheveux courts, mine de Gascon, armé et pesant. Les armes sont un aigle éployé en un petit escu[1] supporté de deux grenades, environné d'un autre grand escu, avec un tymbre empanaché, et au-dessous en lettres noires : *Épitaphe d'Antoine d'Anglery, premier porte-manteau du roy.* — *D'Antoine d'Anglery icy est le pourtrait, qui ayant à trois rois de France fait service, mourut l'espée au poing. Dieu lui soit propice, qui seul de ses vertus sa noblesse a extrait.* » (Dubuisson, mss.)

Fac-similé de la signature du Chicot :

[1]. De sable à l'aigle éployé d'argent. (De Busserolle, *Armorial de Touraine.*)

ANTOINE DE COULON. — « Noble homme Anthoine de Coulon, lieutenant et garde du chasteau sous noble homme Anth. Anglerais, lieutenant de Mgr l'admiral de présent absent. » (Arch. de Loches, 23 mars 1574.) Il n'était plus en fonctions à la date du 1er mars 1577.

CLAUDE III DE LA CHATRE (1566). — Chevalier, comte de Nançay, maréchal de France, gouverneur et lieutenant pour le roi dans les duchés de Berry et d'Orléans, épousa, en 1564, Jeanne Chabot, dont il eut un fils et six filles. Il était neveu de Joachim de la Châtre. Le connétable de Montmorency, auprès duquel il avait été page, le favorisa dans toutes les occasions. La Châtre se trouva à la bataille de Dreux, en 1562, au combat d'Arnay-le-Duc, en 1570, et à la prise de Sancerre, en 1573; envoyé en Angleterre, en 1575, trois ans après il suivit le duc d'Alençon dans les Pays-Bas. En 1588, il fut fait chevalier des ordres par Henry III, et, quelque temps après s'étant jeté dans le parti de la Ligue, il se saisit du Berry, puis se rallia à Henri IV, qui lui assura la dignité de maréchal de France, que le duc de Guise lui avait procurée. En 1610, il fut lieutenant général dans l'armée envoyée dans le pays de Julliers. Il fit la fonction de connétable au sacre de Louis XIII, et mourut le 18 décembre 1614. (Moreri.)

Il était lieutenant général au gouvernement de Touraine, ville de Loches, etc., sous le duc de Montpensier; il avait été pourvu de ce gouvernement militaire dès l'an 1566. (Dufour.)

LOUIS BROSSIN DE MÉRÉ (1568). — Haut et puissant seigneur messire Louis Brossin, chevalier de l'ordre du roy, gentilhomme ordinaire de la chambre, capitaine de cent hommes d'armes des ordonnances, gouverneur et lieutenant général par Sa Majesté des villes et chasteau de Loches et Beaulieu, colonel général de l'infanterie française.

Il avait épousé, par contrat du 24 août 1529, Jeanne de Thays, fille de Emery de Thays et de Françoise de la Ferté, et sœur de Jean de Thays, qui fut avant lui colonel général de l'infanterie française. En 1584, le seigneur de Sallern, gouverneur de Loches, incendia et pilla le château de Méré. (Lhermite-Souliers.)

Louis Brossin de Méré mourut vers 1569 et fut enseveli dans l'église de Sepmes, où reposait déjà son beau-frère.

HONORAT II DE SAVOIE-VILLARS. — Marquis de Villars, comte de Tende et de Sommerive, baron du Grand-Pressigny, etc., maréchal et amiral de France, chevalier des ordres du roi, gouverneur de Provence et de Guyenne, fils de René, bâtard de Savoie, comte de Villars, grand maître de France, et d'Anne de Lascaris, comtesse de Tende. — Marié à Françoise de Foix, fille unique d'Alain de Foix, vicomte de Castillon et de Françoise des Prez de Montpezat, dont il eut Henriette, mariée en premières noces à Melchior des Prez, seigneur de Montpezat, sénéchal de Poitou, et en deuxièmes noces à Charles de Lorraine, duc de Mayenne. Il mourut à Paris en 1580. Son testament se trouve dans le fonds D. Housseau à la Bibliothèque nationale.

Dès 1556, en qualité de capitaine du château de Loches, il écrit de cette place au seigneur de Grammont, commandant d'une troupe de Gascons. Il avait, en 1565, le seigneur de la Menardière pour lieutenant. En 1567, le seigneur de Méré commandait au château pendant son absence, et de la Menardière était employé comme capitaine de soldats 30 livres de paie par mois. 65 soldats gardaient la ville sous la charge du seigneur de Marigny.

Le marquis de Villars prit part à toutes les guerres de religion. Il était à la bataille de Saint-Quentin, où il fut blessé, et à celle de Moncontour ; il assistait à l'assemblée de Moulins, en 1566. De ses trois sœurs, l'une fut mariée au connétable de Montmorency, l'autre à Louis II de Luxembourg, et la troisième épousa René de Batarnay, comte du Bouchage, seigneur de Montrésor.

Signature d'Honorat de Savoie-Villars.

RENÉ DE VOYER. — Vicomte de Paulmy et de la Roche-de-Gennes, et chevalier de l'ordre du roi et du Saint-Sépulchre, conseiller du roy, gentilhomme ordinaire du duc d'Anjou, etc., fut nommé gouverneur du château de Loches le 12 avril 1575. — Il avait été nommé bailli de Touraine par Marie Stuart, reine d'Écosse, duchesse douairière de Touraine. — En 1576 il figure dans une montre comme lieutenant du marquis de Villars au gouvernement de Loches et Beaulieu. Marié, en 1580, à Claude Turpin de Crissé, mort en avril 1586. Il cultiva les lettres et travailla aux antiquités de la Touraine. Duchesne et Belleforêt ont inséré dans leurs ouvrages certaines parties de ses écrits ; il a laissé des observations pendant ses voyages en Europe, en Asie et en Afrique, des sonnets et un assez grand nombre de poésies latines et françaises. (Busserolles, *Recherches sur Paulmy*. — Dufour, Chalmel.)

JEAN V DE MENOU (XIIe du nom, d'après M. Borel d'Hauterive). — Fils de René et de Claude du Fau, dame de Manthelan, était, en 1534, un des enfants d'honneur sans gages de messeigneurs le Dauphin de Viennois et les ducs d'Orléans et d'Angoulême, fils de François Ier. Il fut un des pages de la chambre de François Ier qui, en 1547, assistèrent aux funérailles de ce prince. Il épousa, par contrat passé à Issoudun le 10 décembre 1559, demoiselle Michelle de La Châtre, fille de haut et puissant seigneur messire Claude de La Châtre et de dame Anne Robertet. Nommé commissaire des guerres, en 1567, pour faire la montre de deux compagnies de gendarmerie française, il reçut, le 15 décembre, un passeport du roi pour aller en sa maison de Touraine, avec ses gendarmes et chevaux au nombre de dix, afin de se faire panser d'un coup qu'il avait reçu à travers les reins, à la bataille de Saint-Denis. Gentilhomme ordinaire de la chambre du roy, chevalier de l'ordre de Saint-Michel (19 avril 1568), il fut envoyé à Loches par le seigneur de La Châtre, gouverneur et lieutenant général du pays de Touraine, Amboise, Blois, Châtillon et Loches (3 juin 1568), avec les instructions nécessaires pour mettre cette place en sûreté contre les entreprises des réformés. Le 22 septembre de la même année, il reçut des provisions de gouverneur des ville et château de Loches pour veiller à ce que ceux de la nouvelle religion ne pussent s'en emparer, avec pouvoir de lever et assembler toute force de gens de guerre à cheval et à pied que bon lui semblerait, et de faire en cette occasion tout ce que l'on pouvait attendre d'un bon chef de guerre; il fut enrôlé en pleine montre, à Tours, le 14 décembre 1568, en qualité de lieutenant de la compagnie de Claude de La Châtre. Le 23 mai 1569 il reçut du duc d'Anjou une commission pour lever une compagnie de deux cents hommes de pied, afin de conserver en l'obéissance de Sa Majesté la ville et le château de Loches. Le 29 août suivant, par une lettre datée de Plessis-les-Tours, le même prince le priait de fortifier la ville de Loches conformément à un plan qu'il lui envoyait.

Après avoir pris part à tous les grands événements de l'époque, et avoir reçu des rois de France les témoignages d'estime et de confiance les plus précieux pour sa fidélité et sa bravoure, il mourut en 1588.

CHARLES DE DURBOIS. — D'une famille originaire du Berry où elle est connue dès l'an 1363, fut capitaine commandant des ville et château de Loches (1579-80) et gouverneur de Sancerre. Il mourut avant 1611 et fut enterré dans l'église de Nohant en Berry.

FRANÇOIS DE LACHEL, SIEUR DE MONTALAN. — Lieutenant du capitaine Durbois (31 janvier 1581), lieutenant du château (23 janvier 1584). (X. de Busserolle. — État civil de Loches.)

JEAN-LOUIS DE NOGARET DE LA VALETTE, DUC D'ÉPERNON. — Pair et amiral de France, gouverneur de Provence et de Guyenne, colonel général de l'infanterie française, chevalier des ordres du roi, etc.

Ce gouverneur, que le roi Henry III appelait son fils aîné, est trop célèbre pour qu'il soit nécessaire d'en parler longuement. Il fit plusieurs voyages à Loches dès l'année 1581. Le dimanche, 23 août 1587, il épousa Marguerite de Foix, princesse de Candale, à petit bruit au château de Vincennes. Le roi, la reine et toute la cour assistaient à cette cérémonie ; le roi dansa même un ballet, « portant néanmoins son chapelet de têtes de mort ». Il donna à la mariée un collier de perles de cent mille écus, et quatre cent mille écus au marié. L'année suivante, la veille de la

Pentecôte, le duc et la duchesse faisaient leur entrée dans la ville de Loches.

« Il avait été élevé, par la faveur de Henry III, de très petit gentilhomme qu'il était, à une très grande fortune au delà de sa portée, mais il l'avait toujours maintenue par sa conduite et sa fierté durant le règne de trois rois, pendant lesquels il éprouva la bonne et la mauvaise fortune. Sur la fin de ses jours il trouva en tête le cardinal de Richelieu qui lui ôta tous ses établissements, et, ne pouvant souffrir l'humeur fière et altière avec laquelle il avait toujours vécu, l'humilia à un tel point qu'il le réduisit à venir demeurer à Loches, et à y vivre en homme privé, dépouillé de toutes charges et gouvernements, où il mourut accablé de déplaisir pour avoir vu mourir ses deux fils aînés, les ducs de Candale et cardinal de la Valette, et le troisième disgracié et réfugié en Angleterre. »

Pendant la Ligue, le duc d'Épernon resta toujours attaché au parti du roi, ce qui le fit détester de tous les zélés catholiques. On le représentait avec une figure de diable, dans un pamphlet imprimé à Paris, en 1589, sous ce titre : « La grande diablerie de Jean Valette, dit de Nogaret, par la grâce du roy duc d'Esparnon, grand amiral de France, et bourgeois d'Angoulême, sur son partement de la court, de nouveau mis en lumière par un des valets du garson du premier tournebroche de la cuisine du commun dudit seigneur d'Esparnon. »

Lors de sa première disgrâce, en 1589, il se retira au mois de juin dans son gouvernement de Loches, non pas, dit son secrétaire Girard, qui a écrit sa vie, avec le train d'un favori disgracié, mais triomphant, avec trois cents gentilshommes de marque, et vivant dans le plus grand faste.

Le 21 février 1619 il fit évader Marie de Médicis du

château de Blois, et la conduisit à Loches, et de là à Angoulême.

Il mourut le 13 janvier 1642, âgé de quatre-vingt-neuf ans. Ce fut à Loches un événement de grande importance, dont le souvenir nous a été conservé par une inscription placée à l'intérieur au-dessus du petit pont-levis qui, des remparts, entre dans la Tour Ronde:

<pre>
    LE 13° IOVR DE IANVIER
  MONSIEVR DESPERNON MOVRVT
              1642
</pre>

Il eut successivement sous ses ordres : le S^r DE MONTLOYS, capitaine et gouverneur des ville et chastel de Loches sous la charge de M. le duc d'Epernon (1586). (État civil.)

GAILLARD DE SAINT-PASTOUR, s^r DE SALLERN, (SALLERS, SALLART), capitaine d'une des vieilles compagnies des gardes du corps du roi (1588), — seigneur du domaine et comté de Loches (1595), lieutenant pour le roi des ville et chastel de Loches (1600). En 1589, Charles de Mayenne, duc d'Elbeuf, fut confié à sa garde. Il était mort à la date du 16 avril 1601. Il avait lui-même pour lieutenant, en 1595, PIERRE DU FRAYSSE. (État civil.)

JEAN-GABRIEL POLASTRON DE LA HILLIÈRE, qui épousa, en 1614, Anne de Gast, fille de Michel de Gast, seigneur de Montgauger et d'Antoinette de Montmorency; lieutenant général pour le roi des villes et chastel de Loches et de Beaulieu (7 novembre 1601). Un chroniqueur l'appelle l'ame damnée du duc d'Épernon, avec lequel il prit une part active à l'évasion de Marie de Médicis du château de Blois. Il vivait encore en 1640.

En 1621 le roi envoya à Loches un certain capitaine

PLANCHE VII

LE COLLIER

Georges dont la paie, fixée à 20 livres par mois, outre le bois, la chandelle et le logement, était uniquement à la charge des habitants. Une quittance donnée par ce capitaine porte la signature Georgesere.

BERNARD DE NOGARET DE LA VALLETTE ET DE FOIX, DUC D'ÉPERNON ET DE LA VALLETTE, pair et colonel général de l'infanterie française, gouverneur de Guyenne, succéda à son père Jean-Louis dans le commandement des villes et château de Loches et Beaulieu. Les lettres de provision furent données par Louis XIV au duc d'Épernon et au duc de Candalle, son fils « conjointement, et la survivance l'un de l'autre ». Il fit son entrée solennelle à Loches le 6 octobre 1643, se rendant en son gouvernement de Guyenne.

« En Guyenne, le duc d'Épernon s'étoit mis la vanité tellement dans la tête que, quoiqu'il ne fût qu'un simple gentilhomme dont le père avoit été élevé par la faveur de Henry III, il s'imaginoit être prince, sous l'ombre que sa mère étoit de la maison de Grailli-Foix, laquelle sortoit du dernier comte de Foix. Sur cette chimère il vivoit en prince à Bordeaux, et traitoit le parlement et la noblesse avec une telle gloire et si fort du haut en bas qu'il irrita les esprits de tous les ordres du pays, lesquels le chassèrent de Bordeaux par un soulèvement général. » Un arrêt du parlement de Bordeaux, du 9 septembre 1649, le déclara même perturbateur du repos public, et fit défense de le suivre et d'exécuter ses ordres.

Ce gouverneur mourut à Paris le 25 juillet 1661. (De Busserolle, *Armorial de Touraine*. — *Archives de Loches, inventaire des titres*, 1643. — *Mémoires de Monglat*. — *Recueil général des anciennes lois françaises*.)

Gabriel de Grateloup (1643). — En 1593, Bertrand de Grateloup, baron de Sennevières, capitaine de 50 hommes d'armes (1593), lieutenant d'une des compagnies des gardes du corps du roi (1600), capitaine entretenu de Sa Majesté (1604), résidait à Loches, où il s'était marié, avant 1596, à Antoinette Galland, et en secondes noces, avant 1600, à Bonne Dallonneau. Il mourut dans la citadelle de Metz, dont il était gouverneur, le 13 septembre 1629.

De son mariage avec Bonne Dallonneau, il eut à Loches quatre fils : Gaillard (11 septembre 1600), Gabriel (10 mars 1602), Claude (20 mars 1603) et Jehan (2 juillet 1604).

Le second, GABRIEL, fut capitaine du château de Loches, et reçut en cette qualité le second duc d'Épernon, Bernard de Nogaret, à son entrée à Loches, le 6 octobre 1643.

FRANÇOIS DE BEAUVILLIERS, DUC DE SAINT-AIGNAN, — septième comte et premier duc de Saint-Aignan, pair de France, baron de la Ferté-Hubert, de Chemery, la Salle-lès-Cléry et du Fau, seigneur de Lussay-en-Beausse, de la châtellenie du Fresne et du fief de la Vernette, vicomte de Valogne, seigneur des Aix-Damgillon, de Sery et d'Ambligny, de la Grange-Montigny, du haut et bas Foullé, de Chanterennes et de Navres, capitaine des gardes de Gaston, duc d'Orléans, premier gentilhomme de la chambre du roy, chevalier de ses ordres, conseiller en ses conseils, lieutenant général de ses armées, commandant en chef en Berry, gouverneur et lieutenant général de la province de Touraine, des villes et châteaux de Tours, Loches et Beaulieu, des ville et citadelle du Hâvre-de-Grâce, forts et hâvres en dépendant, l'un des quarante de l'Académie françoise, de l'Académie de Padoue, et protecteur de l'Académie royale d'Arles, fut pourvu du gouvernement des villes et château de Loches et de Beaulieu, le 12 août 1661. Il mourut en 1687. Chevalier du Saint-Esprit en 1661, duc et pair en 1663. — Il était entré au service en 1634 et avait fait de nombreuses campagnes ; blessé au combat de Vandrevange (1635), au siège de Dôle (1636), au siège de Gravelines (1644) et aux combats de Château-Porcien et de Montmédy.

René de Boutillon était lieutenant de roy pour Loches et Beaulieu en 1670. (Le P. Anselme. — Dufour. — De Busserolles.)

Claude Guesbin de Rassay de la Davière (1676). — Du 29 juin 1676, mariage de Claude Guesbin de Rassay, chevalier, seigneur de la Davière, lieutenant de roy des villes et chasteau de Loches et de Beaulieu, et capitaine au régiment de Normandie ; fils de Jean Guesbin, esc., seigneur de Rassay, conseiller, secrétaire du roi, maison et couronne de France et de ses finances, avec damoiselle Marie-Anne de Boutillon, fille de N. de Boutillon, esc., seigneur de Roches.

Mort en 1707, et enterré dans l'église Saint-Ours le 8 avril, âgé d'environ 60 ans. (État civil.)

François de Bracque, — marquis du Luat, était seigneur engagiste du domaine de Loches, et plaidait avec les officiers municipaux pour les réparations de l'hôtel de ville, auxquelles il était tenu en cette qualité (1690) (Dufour. — Arch. de Loches.)

PAUL DE BEAUVILLIERS, DUC DE SAINT-AIGNAN (1687), — Duc de Saint-Aignan sous le nom de Beauvilliers, pair de France, comte de Buzançais, grand d'Espagne, comte de Montrésor, de Chaumont et de Palluau, seigneur et baron de la Ferté-Hubert, de la Salle-lès-Cléry, de Lussay-en-Beausse, chevalier des ordres du roy, premier gentilhomme de sa chambre, chef du conseil royal des finances, ministre d'État, gouverneur du duc de Bourgogne, depuis dauphin de France, premier gentilhomme de sa chambre, gouverneur du duc d'Anjou, depuis roi d'Espagne, et du duc de Berry, premier gentilhomme de leur chambre, surintendant de leur maison, gouverneur et lieutenant général des ville et citadelle du Hâvre-de-Grâce et pays en dépendant, fut pourvu du gouvernement des villes et château de Loches et Beaulieu après la mort de son père, le 20 juin 1687. Il mourut le 31 août 1714, ayant eu treize enfants de Henriette-Louise Colbert, fille de Jean-Baptiste Colbert, ministre et secrétaire d'État.

HONORAT DE BARAUDIN, — chevalier, seigneur des Bournais, commissaire provincial de l'artillerie de France, est désigné comme lieutenant de roi des villes et château de Loches et Beaulieu dans un acte de 1709. Il était marié à Madeleine Rocher, morte en 1726. (État civil.)

LOUIS DE BARAUDIN, — chevalier, seigneur de Mauvières, le Plessis-Savary, Manthelan et autres lieux, fils du précédent, époux de Françoise Ménard, prend dans l'acte de naissance de l'un de ses enfants, à la date du 21 juillet 1712, le titre de lieutenant de roi des villes et château de Loches et Beaulieu.

PAUL-HIPPOLYTE DE BEAUVILLIERS, — duc de Saint-Aignan, pair de France, comte de Montrésor, etc., chevalier des ordres du roy, lieutenant général de ses armées, gouverneur lieutenant général des provinces de Bourgogne, Bresse, Bugey, Valromey et Gex, des ville et citadelle du Hâvre-de-Grâce, des villes et châteaux de Loches et Beaulieu, Dijon, etc., grand bailly d'épée au pays de Caux, l'un des quarante de l'Académie françoise, honoraire de celle des Inscriptions et Belles-lettres, de celle des Infecondi de Rome, des Ricoverati de Padoue, de celle de Véronne, nommé protecteur de celle d'Arles, premier gentilhomme de la chambre de M. le duc de

Berry, conseiller au conseil de Régence, ambassadeur extraordinaire et plénipotentiaire du roi en Espagne, et depuis auprès du Saint-Siège.

Marié à Marie-Geneviève de Montlezun, fille unique de Jean-Baptiste-François de Montlezun de Besmaux et de Marguerite-Geneviève Colbert-Villacerf, dont il a eu neuf enfants. (*État de la France*, 1749.)

Au mois de décembre 1757, on célébrait à Loches un service funèbre pour M. le duc de Beauvilliers, colonel au régiment de cavalerie de ce nom, fils aîné de M. le duc de Saint-Aignan, gouverneur de Loches, tué à la bataille de Rosbach. *(Arch. de Loches.)*

Louis-Honorat de Baraudin, — fils de Louis et de Françoise Ménard, né le 2 septembre 1710, chevalier de l'ordre royal et militaire de Saint-Louis, ancien capitaine du régiment de dragons d'Alfelde, pourvu de l'office de lieutenant de roi des villes et château de Loches et Beaulieu, données à Versailles le 20 mars 1745, prêta serment en cette qualité devant M. Pierre-Louis Nau de Noisay, conseiller du roi, président en l'élection de Loches, et subdélégué de Mgr l'intendant de lad. élection, maire de Loches, en présence des échevins, le 5 août 1747, en vertu de la commission qui lui avait été donnée par S. A. S. Mgr Charles de Bourbon, comte de Charolais, prince du sang, gouverneur et lieutenant général pour le roi en la province de Touraine.

M. de Baraudin était nommé en survivance de son père en raison des bons services rendus par celui-ci « depuis 1710, successivement au seigneur de Baraudin, son beau-père » (ou plutôt son grand-père), avec pleins pouvoirs de commander en son absence tant aux habitants qu'aux gens de guerre, etc.

Sa sœur, Marguerite-Charlotte de Baraudin, épousa

M. Jacques-François Mayaud de Boislambert, en 1763. (V. ci-après.) — *(État civil, reg. des délibérations.)*

Paul-Émile, marquis de Bracque, — chevalier, seigneur de Luat, Bois-Renault et autres lieux, nommé lieutenant de roi à Loches par lettres de provision du 21 janvier 1735, scellées du grand sceau, prêta serment entre les mains de S. A. S. Mgr le comte de Charolais, le 28 février suivant. Lorsqu'il fit enregistrer ses lettres à la mairie de Loches, M. de Baraudin protesta « que lesdites lettres ne pourront nuire ni à son titre, ni à son droit, ni à sa possession de ladite charge, se réservant de se pourvoir ainsi qu'il avisera. ».

EUSÈBE-FÉLIX CHASPOUX DE VERNEUIL, chevalier, marquis de Verneuil, vicomte de Betz, seigneur de Saint-Flovier, le Roullet et autres lieux, conseiller du roy en ses conseils, secrétaire ordinaire de la chambre et cabinet de Sa Majesté, introducteur des princes et ambassadeurs étrangers auprès du roi, grand échanson de France, prenait le titre de comte de Loches, et était seigneur engagiste du domaine. Il est assigné en cette qualité pour les réparations à faire à l'hôtel de ville, dont le devis avait été fait par « Jean Mansart de Jouy, architecte à Paris, demeurant à Paris, paroisse Saint-Séverin. » (1749.) Il comparut à l'assemblée de la noblesse en 1789. *(État civil. — Arch. de Loches. — Tablettes historiques*, 1751, Lambron de Lignim.)

MARC-RENÉ DE VOYER DE PAULMY, marquis de Voyer, comte d'Argenson, vicomte de la Guerche, baron des Ormes-Saint-Martin et de Marmande, brigadier du régiment de Berry-cavalerie (1745), lieutenant général d'Alsace, maréchal de camp, inspecteur de cavalerie, directeur des haras, lieutenant général des armées du roi et gouverneur des châteaux de Vincennes et de Loches.

Il était fils du comte d'Argenson, qui fut sous Louis XV successivement chancelier, garde des sceaux et grand'-croix de l'ordre de Saint-Louis, lieutenant général de police et ministre de la guerre, disgracié en 1757, mort en 1764.

Il vécut le plus souvent en Touraine, et en particulier au château des Ormes, où il fit exécuter des travaux considérables qui en changèrent complètement le caractère. Il mourut le 18 septembre 1782 des suites d'une fièvre contractée dans les marais de Rochefort et de l'île d'Aix, où il surveillait d'importants travaux de fortification et d'assainissement. Il fut enterré dans la chapelle de Paulmy.

Le 19 mai 1776, le corps de ville envoyait aux Ormes une députation à M. d'Argenson. Celui-ci annonçait qu'il ferait « l'année prochaine » son entrée dans la ville; c'est probablement vers cette époque qu'il fut nommé gouverneur. Quelque temps après une délibération du corps de ville propose de donner au quai du Moulin des Bans le nom de quai d'Argenson ou de Voyer.

(De Busserolles, *Notices sur la Guerche et sur Paulmy*. — *Notice sur les Ormes-Saint-Martin*, par M. d'Argenson. — *Éloge de M. d'Argenson, ministre de la guerre*, 1751. — Reg. des délibérations, Arch. de Loches.)

JACQUES-FRANÇOIS MAYAUD DE BOISLAMBERT, — né à Poitiers le 1er octobre 1726, fils de Jacques et de Catherine Guesbin de Rassay, lieutenant au régiment de Mestre-de-camp-général-cavalerie, seigneur de Rassay, épousa le 26 janvier 1763, à Loches, Marguerite-Charlotte de Baraudin, sœur de Louis-Honorat de Baraudin, lieutenant de roi, auquel il succéda dans cette fonction.

Le 18 mars 1791, sur la pétition du conseil de la commune de Loches, M. de Boislambert remettait à la ville les canons sans affût qui se trouvaient sur une des tours du château. Le 6 septembre 1792, il déposait à la municipalité sa croix de Saint-Louis. — Le 1ᵉʳ octobre suivant, il prêtait serment de fidélité à la nation. Le 17 février 1793, un certificat de résidence constate qu'il demeure depuis plusieurs années dans la maison du citoyen Couet[1], rue Picoys, et donne son signalement et celui de sa femme : « Jean-François Mayaud de Boislambert, né à Poitiers le 1ᵉʳ octobre 1726, taille de cinq pieds deux pouces, cheveux et sourcils gris, portant perruque, visage ovale, yeux châtains, bouche moyenne, nez de même, menton rond, col long. — Marguerite-Charlotte de Baraudin, épouse du citoyen Boislambert, est née à Loches le 24 décembre 1726, taille de cinq pieds un pouce, cheveux et sourcils gris, yeux noirs, nez aquilin, bouche moyenne, menton rond. — Le 29 nivôse an II, il partageait avec sa femme et onze autres détenus une des chambres dans le château même qu'il habitait autrefois comme gouverneur. Il mourut à Loches le 8 mai 1811.

PIERRE-EUGÈNE-BARNABÉ DE MESSEY, comte de Briesle, seigneur de Pont-Minard, de Mandres, maréchal des camps et armées du roy, comparut à l'assemblée de la noblesse de Champagne pour l'élection des députés aux États-Généraux de 1789.

Dans l'état militaire de la France, en 1789, M. de Messey est indiqué comme gouverneur de Loches, et M. de Boislambert comme lieutenant de roy.

Dans le nécrologe de N.-D. de Loches, à la date du 11 octobre, on trouve le nom de « *Berlauldus de Pratis, miles et hujus Lochensis castri castellanus.* » Il nous a été impossible d'assigner un rang à ce châtelain, qui nous est complètement inconnu. C'est peut-être un membre de la famille des Prez de Montpezat. Il appartiendrait alors au XVIᵉ siècle.

1. Couhé de Lusignan.

XIII

INSCRIPTIONS

CACHOT DU PONT-LEVIS. — Le cachot situé au-dessus du portail d'entrée n'a pas dû perdre beaucoup de sa physionomie du XV° siècle. Une cheminée, un grossier lit de camp, un collier de fer scellé au mur par une lourde chaîne (Pl. VII), une fenêtre avec un épais grillage de bois, qui ne permet plus de pénétrer dans l'embrasure; peut-être l'établissement de ce grillage est-il relativement moderne; il a eu pour heureux effet de sauver des dégradations des prisonniers vulgaires de curieuses inscriptions. C'est là que nous trouvons ces deux vers que nous avons attribués à Ludovic le Maure :

> Il n'y a au monde plus grande detstresse
> Du bon tempts son souvenir en la tristesse.

A quelque distance, au-dessous d'une inscription qui n'a laissé sur le mur que des traces jaunes impossibles à reconstituer, un cœur renfermant au centre la lettre F entourée des lettres SAV. SAN. Nous reconnaissons les caractères hardis et singuliers du duc de Milan. La lettre F au milieu du cœur est comme une signature; c'est vraiment la première lettre du mot *forza*; l'S comme dans les mots *Sforzare, Sfrangiare, Sfrenare, Sfrondare*, etc., n'est qu'une sorte de suffixe représentant la préposition *ex* des latins.

Nous pouvons encore lire dans l'embrasure de la fenêtre les curieuses inscriptions que voici.

Les deux premières sont en catalan du XV° siècle :

>Qui no sab de sospirar
>Vinga sen assi estar
>Car no sol sospirara
>Mas de dolor gemira.
>La mort y sera plus plaent
>Que sofrir. 1. tal turment
>...Pigor es que morir
>Que joen ayxi languir.

(Les deux derniers vers sont un peu effacés.)

>A tuos mals los remedis magos
>Ed pensar als bens qui son en nos.

Trois autres dans un dialecte allemand que nous ne saurions déterminer d'une façon précise (Pl. IX, n° 1 et 2, et Pl. X, n° 1).

Puis cette autre, un peu difficile à lire :

> *Esperdu est Geuffroy Regnault*
> *Qui a tous jors premier l'assault*
> *De quelle chose que cessoit*
> *Soit à bon droit ou à mal droit*
> *Mais ... chûn garde sa coffiance*
> *..... tous hôe en soi panse*
> *.... Que nous auron trestouz assez*
> *Deffais quant seron trespassez.*

Au-dessous de ce cachot et dans un petit corps de garde faisant partie de l'entrée du pont-levis, un nom écrit en beaux caractères du XVᵉ siècle, sans date :

De quenouilles.

Plus loin, un cri de détresse qui fait encore tressaillir après trois siècles :

One Deus miserere nobis 1518

Ce nom et cette inscription ne paraissent pas avoir de rapport l'un avec l'autre. Nous remarquerons que toutes les inscriptions des souterrains se retrouvent à peu près identiques dans le cachot du pont-levis.

LA TOUR RONDE. — L'impression de ce volume était déjà presque terminée lorsque nous avons découvert sous le badigeon d'une chambre de la Tour Ronde une série de belles inscriptions du XVᵉ siècle qui méritent une description spéciale.

La salle qu'elles décorent est située au-dessus de la chambre de la Torture. Elle servait probablement de salle des gardes, à l'entrée du petit pont-levis.

Elle a été, à une époque incertaine, divisée en deux parties dans le sens de la hauteur, de manière que le foyer de la cheminée se trouve dans le bas et le manteau à la partie supérieure. C'est sur le manteau de cette cheminée que nous avons pu lire l'inscription suivante :

QVID QVID DELIRANT REGES, PLECTVNTVR ACHIVI
SEDITIONE, DOLIS, SCELERE, ATQUE LIBIDINE ET IRA
SAVONIÈRES — PVLCHRVM EST, — SAVONIÈRES
NIL CONSCIRE SIBI, NVLLA PALLESCERE CVLPA [1].

Nous ne nous attendions guère à rencontrer Horace sur les murs de la prison de Loches, et le mot SAVONIÈRES nous déroutait un peu. Est-ce un seigneur de ce nom ? Peut-être Thibault VII Chabot qui aurait été impliqué dans le procès de son parent Louis d'Amboise, condamné à mort avec les sieurs de Lezay et de Vivonne par le Parlement de Poitiers, en 1431, pour avoir voulu renverser le favori la Trémouille ?

Il nous est impossible aujourd'hui de vérifier ce fait, et nous nous contentons de reproduire notre inscription, en nous étonnant de voir au XV° siècle, au milieu des intrigues de cour et des guerres anglaises, un prisonnier assez versé dans la littérature antique pour se souvenir des épîtres d'Horace, et les appliquer à sa propre situation.

Cette découverte fut suivie de plusieurs autres.

Les quatre murs étaient décorés de phrases latines et françaises. Mais il nous paraît qu'elles doivent être attribuées à deux personnages différents. Voici celle qui se trouve à droite de la cheminée :

---

[1]. Voir le dessin Pl. XII. — Les deux premiers vers appartiennent à la 2° épître d'Horace A LOLLIUS, vers 14 et 15. Le dernier, rattaché à ce qui précède par les mots *Pvlchrvm est*, est tiré de la 1re épître A MÉCÈNE, vers 61.

LE DONJON DE LOCHES.

HINC MICHI PRIMA MALI LABES,
　　HINC SEMPER....

L'OCCASION FVT SI GRANDE QU'ESTANT PAGE AAGÉ DE 14 ANS VNE DAME AAGÉE DE 40 (?) ME VID A BLOIS [ ] AVEC MES COMPAGNONS ET FVT FRAPPÉE D'VN AMOVR SI DEMESVRÉ.... EN MO.. DE QOI LE ROI ESTANT ADVERTI APRÈS AVOIR..... MOIENS EVT RECOVRS AVX PAGES.....

Combien nous avons regretté de ne retrouver que ces fragments! L'inscription se continuait dans l'embrasure d'une fenêtre qui a été agrandie et enduite, de sorte que, derrière le revêtement de mortier, nous n'avons trouvé que la pierre mutilée.

Il est facile de reconnaître entre ces deux inscriptions un air de famille. Toutes deux sont tracées en noir. Les lettres sont à peu près de la même hauteur. Mais il suffit de comparer dans l'une et dans l'autre les lettres E, N, I, R, etc. pour reconnaître une notable différence. Il nous paraît impossible que dans deux écritures dues à la même main, la dissemblance entre les lettres que nous venons de signaler ait pu être si nettement tranchée, sans mélange de l'une à l'autre.

Quoi qu'il en soit, cette découverte nous a paru de nature à éveiller la curiosité du lecteur, et nous nous empressons d'en donner le dessin (Pl. XIII).

Nous retrouvons encore sur les autres murs, en mêmes caractères:

DIXIT INSIPIENS IN CORDE SVO NON EST DEVS

　INITIVM SAPIENTIE TIMOR DOMINI.

LA SEMENE ET CETTERA SOVBZ LA BESTE CHEVALINE

Quant à la partie inférieure de cette pièce, nous n'avons encore pu découvrir que des fragments et des mots sans liaison. Nous constatons cependant que les inscriptions existent comme au-dessus, et nous espérons bien arriver à les déchiffrer.

ESCALIER DE LA TOUR. — Est-ce encore au seigneur de Savonières qu'il faut attribuer les sentences pieuses qui courent le long des murs de l'escalier? Nous retrouvons la forme assez caractéristique de son écriture. Ces lignes montent avec les degrés en suivant les assises des pierres. Elles s'arrêtent à la porte de la chambre qu'il habitait. Ce que nous en avons recueilli est encore trop incomplet pour trouver place ici.

Plus haut, près de la porte qui donne sur la plate-forme, est la belle inscription attribuée à Philippe de Commines. (Voir le dessin, Pl. XVI, n° 1.)

Le nom *Jaqs de Maves* que nous avons reproduit ne nous paraît point en faire partie. Mais nous n'en dirons pas autant de la date « *le 12 mai 1489* » qui nous semble bien de la même facture, malgré la différence des caractères. On comprend d'ailleurs que cette date pour le graveur n'avait pas la même importance que l'inscription et qu'il lui était naturel de traiter légèrement ce détail sans importance.

Du rapprochement de cette date avec celle de l'emprisonnement de Commines, qui est antérieur de dix ans au moins, et de ce fait allégué par quelques auteurs, que le célèbre historien ne savait pas le latin, on serait tenté de conclure qu'il faut l'attribuer à quelque autre, malgré une tradition constante. Nous regretterions d'être forcé de trancher cette question. Dans tous les cas, notre inscription conserverait encore sa magistrale beauté, indépendamment de l'origine illustre que nous nous refusons à lui enlever [1].

On lit encore à droite ce carré magique qui devait avoir cours au moyen âge, car nous l'avons retrouvé à Beaulieu dans la maison dite d'Agnès Sorel :

```
S A T O R
A R E P O
T E N E T
O P E R A
R O T A S
```

Plus haut en lettres noires :

CLAMAVI AD DOMINVM
CVM TRIBVLARER.

. . . .
MVLTVM INCOLA FVIT ANIMA MEA.

Dans le petit passage qui communique du premier étage de la maison du gardien avec la Tour-Ronde :

ENTRES.MESSIEVRS.CHEZ.LE.ROI.NOSTRE.MESTRE.

Et encore :

EN.RONDE.SOLDAT.
EN.RONDE.YVRONGNE.ET.PRENDS.BIEN.GARDE
QUE.LE.VIN.NE.TE.RENVERSE
DU.HAVLT.EN.BAS.DES.REMPARS.

---

1. Les premiers mots, DIXISSE ME ALIQUANDO PENITUIT, se retrouvent vers le milieu de l'escalier, au niveau des marches; mêmes caractères.

La partie écroulée de la Tour-Ronde contenait les appartements habités par Sforce, après qu'il eut quitté son cachot du Martelet. Dans ce nouveau logis, il fit ce qu'il avait fait dans le premier, et les inscriptions ne tardèrent pas à couvrir les murs. Nous en avons cité plusieurs en leur lieu. En voici une autre que nous trouvons dans des notes laissées par un archéologue lochois, M. Lesourd :

   JE CONGNOIS BIEN QUE PLVSIEVRS SONT DE CEVX
           EN CA QUE TANT CVIDA
     A QUI SOVBDAIN VNG BEAILLE CONGÉ
   QUE VEVLT TVER SON CHIEN ON LVI MET SVS
              N. SAV. SAN. N.
            DE ESTRE ENRAGÉ
     AINSI ESTRE DE LA POVRE PERSONNE
       QUE ON VEVT HAÏR. SEE.. XCV.

Nous avons le regret d'avouer qu'il nous a été impossible de retrouver cette inscription. Nous croyons qu'elle devait être sur un mur qui n'existe plus. Mais la même pensée se répète dans quelques fragments que nous avons relevés avec soin. Ils se trouvaient sur deux murs dont l'un a disparu, de façon que nous n'avons que la fin des lignes :

        VRS.SONT.DE.CEVX
          ESTRE.RECEVX
      AV.CONGE.LON.DONNE
      IEN.ON.LVI.MET.SVS
     IRE   LA   ONE
    PERSONNE   MES
      XCV   NT

Il en est de même de cette autre :

EN ENSUIVANT LE
JE A CESTE FOIS

LE MARTELET. — A l'entrée de l'escalier se voient encore les restes de la belle inscription que nous avons déjà citée (voir page 96 et le dessin, Pl. XV).

Il y en avait une autre au-dessous, dont on ne peut lire que les derniers mots :

O MAUDIS ENCHANTEURS,
DANS PEU DE TEM   MENTEURS,
JE SORTIRAI   SAUF   VICTOIRE.

. . . .

Et des traces de tous les côtés. Tout cela est l'œuvre du prisonnier qui a décoré la salle de la Tour-Ronde de la belle inscription copiée Pl. XIII : HINC MICHI PRIMA MALI LABES, etc.

Dans la première salle, qui sert aujourd'hui de cuisine aux prisonniers, de traces de lettres noires percent de tous côtés sous le badigeon.

En descendant quelques marches :

TRANSIRE BENEFICIANDO.

CACHOT DE L'OUBLIETTE. — Indépendamment de la curieuse inscription de Guillemet déjà reproduite, nous en avons une autre tout auprès en mêmes caractères ; mais nous n'avons pu en lire que quelques mots : *Hic Martinus nudum et pauperem*.....

Puis celle-ci qui nous paraît faire allusion à quelque fait oublié :

> *Mde de Savary a esté*
> *enfermée icy en* 1755,
> *venue de Boutarvilliers.*

Et à côté ce commentaire peu bienveillant :

> *Mde de Savari a eu tort*
> *de mettre son nom qui n'est pas beau.*
> *Bruley, ce 22 octobre* 1786.

Dans la petite tour ronde attenant au donjon et devenue, on ne sait comment, propriété particulière, de nombreuses inscriptions fort élégantes couvrent les murs. Le procédé adopté par leur auteur était d'un emploi difficile, car toutes les lettres sont en saillie.

Nous nous bornerons à citer les principaux de ces petits sujets sculptés avec tant de soin.

1° Trop ennuie a qui actend.
2° L'an mil iiij° lx viii le xi° jour d'aoust feust mis Bernard de Beuquet seans par le roy à cause des moines du Lancry demeura 11 sepmaines.

A la suite est son blason, avec l'indication des émaux, « *de gules, dantelles dor les besans d'argant.* » (V. Pl. VIII, n° 13).

3° Qui vaut mieux amour ou justice ?
    Et se tousiours amour estoit,
    Ja point justice ne faudroit.
    Pour ce que amour est follie,
    Et loin justice establie, Responce
    Amour vaut mieux.

4° L'*Ave Maria* tout entier en mêmes caractères.
5° Un nom anglais écrit de la même manière :

𝔈𝔰𝔴𝔞𝔯𔡡 𝔷𝔬𝔴𔢡𔩡.

Nous sommes obligé de nous arrêter dans cette nomenclature qui finirait par fatiguer le lecteur et qui n'ajoute que des détails sans importance à l'histoire du Donjon.

Nous trouvons dans la notice de M. Baillargé, devenue très rare avec les dessins, l'indication d'une inscription qu'il appelle une véritable curiosité lapidaire. Voici comment il la décrit : « C'est une sorte de cartouche très adroitement agencé qui contient cinq légendes emblématiques en parfait rapport avec la situation du prisonnier Olbert Prendyegest, qui en est l'ingénieux auteur. Le premier membre de chaque légende occupe dans le cartouche une ligne supérieure au-dessus de l'emblème qui lui est approprié : le second membre de la même devise ou légende est écrit au-dessous. On voit d'abord, comme premier emblème, un cœur qui semble donner naissance à une tige très fournie de soucis, et plus loin deux autres cœurs, mais unis et triomphants, avec ces mots explicatifs, *s'il faut endurer prenes en gré*. L'auteur dans la seconde devise semble reconnaître la nécessité d'adopter pour lui-même cet excellent précepte. Il a sculpté une branche de chêne pour marquer la force de sa résolution et il ajoute : *Je le feray si je puis*. Vient ensuite une plante élégante ; c'est un symbole consolant : *ay espérance de bien mayeur*, dit-il ; et cette espérance qu'il conçoit amenant naturellement le prisonnier à se reporter vers celui de qui dépend la réalisation de ce vague et incertain *bien mayeur* dont il parle, l'écusson royal, image du trône lui-même et de la personne du roi de qui le coupable attend son pardon, domine toute la composition. Cette belle et touchante légende l'accompagne : *Dieu le maintienne contre fortune ;* et comme si ces mots ne rendaient pas encore le fond de son cœur, Olbert Prendyegest exprime son insuffisance en disant : *Je vouldraye mieux mais je ne puis.* — Deux vers latins, populaires au moyen-âge, complètent le tout ; ils sont ainsi conçus :

> *Si sapiens fore vis, sex serva que tibi mando*
> *Quid loqueris, vel ubi, de queis, cui, quomodo, quando.*

L'auteur du cartouche a signé Olbert Prendyegest. Il termine son travail par la citation de ce proverbe désolant :

« *Povre homme, poy amis.* »

Nous regrettons de n'avoir pu découvrir ce petit chef-d'œuvre, qui repose sans doute sous le badigeon impitoyable.

Nous regrettons plus encore que le format de ce livre ne nous ait pas permis de reproduire les peintures du cachot de Sforza. Il eût fallu leur faire subir une réduction que les règles de goût les plus élémentaires ne nous permettent pas d'accepter.

APPENDICE

INVENTAIRE des munitions fait en janvier 1572, par les ordres du marquis de Villars (Analyse).

Dans une chambre « estant à costé de la salle et première entrée dud. donjon » 146 pics emmanchés et 7 autres sans manche. — 189 tranches emmanchées. — 5 pics-tranches emmanchés et un autre sans manche. — 105 palles besses. — 133 hottes.

Poudres, 2,455 livres. — 18 boulets de plomb pour couleuvrines bâtardes. — 49 boulets de plomb pour fauconneaux. — 44 pièces de fer carrées et taillées « propres à mectre boulletz esd. couleurines ». — 198 boulets à hacquebuzes à crocq, grosses et moyennes. — 8 charges de fer blanc pour servir à hacquebuzes à croc. — 4 ou 5 livres de « salpestres et rouzine ». — 2 pièces de corde de harcquebuze, l'une de 44 brasses et l'autre de 28. — 112 civières « tant rullepettes (?) que à bras, presque toutes pourries, brisées et rompues ».

Les chanoines avaient aussi acheté de la poudre (581 livres) « pour aider et servir aud. chasteau ou les aultres pouldres defauldraient ».

Un autre inventaire du 1er mars 1577 constate seulement

2,109 livres de poudre. Il en avait été pris 21 livres pour le service du roi par le commandement du sieur de Paulmy, lors lieutenant aud. chastel, et il en avait été descendu en la ville par son ordre une caque pesant 264 livres pour subvenir aux nécessités que pourraient avoir les habitants. — Quelques pelles et tranches avaient aussi été perdues dans le curage des fossés du château. — Quant aux boulets, le nombre en est à peu près le même, sauf quelques-uns donnés à la ville pour ses besoins. — On trouve aussi dans cette pièce une mention de « cailloux à feu » et d'une chambre qu'on appelait « la chambre du Moulin-de-Bois ».

INVENTAIRE des munitions fait le 20 avril 1578 en présence de Jacques de Saint-Julien, sieur de Narbonne, maître-d'hôtel et lieutenant des gardes du duc d'Anjou, et Antoine Anglerais, lieutenant du château.

A l'entrée du chastel et soubz le portal y a douze arquebuzes à crocq et deux chargeouers de grosses pièces.

Ou petit rang (?) tendant du logis de monseigneur aux jardrins a esté trouvé une pièce coullevryne avec ses roues ferrées, avec les traits, futs, et plate-formes lad. coullevryne estant marquée en chiffre 1567 d'une part et de l'aultre costé 2280 ; portant en harmoisies deux coulonnes lyées d'ung lay d'amour et couronnées et de quelques fleurs de lyz et de lettres de C, et ayant de longueur de canon environ dix piedz et d'ouverture en gueulle d'ung doué ou environ [1].

Sur la petite tour, près la chapelle Saint-Ours, y a une

---

1. Ce sont les armes et le chiffre de Charles IX.

petite pièce de flancon de fer à boistes, ayant cinq pieds de long sans culasse, et à laquelle culasse y a deux bouchons de fil.

A la place de davant le donjon a esté une aultre pièce d'artillerye équippée et montée sur fustz et roues ferrées, et son attirail, fors quelle n'a de plate-forme de boys, et est marquée 1568 d'une part, et de l'aultre costé 2270 marquée comme l'autre plus grande pièce susdite et des mêmes armoisies, et ayant de longueur environ de deux pieds, et a led. Anglerais déclaré que lesdites esses et fustz de la plate-forme de ladite pièce ont esté par luy faict mettre en une petite estable et escurye, pour prés laquelle de faict ont esté présentement monstrées par luy, et par nous tous veües lesdites esses et fustz.

Ou donjon, en une chambre ou salle basse, a esté trouvé ung moulin à blé, équippé et garny de ce qui lui fault.

Un gros pilon de fer pezant trois cens ou environ.

Plus dix chevalletz d'arquebuzes à crocq.

En une chambre haulte dud. Donjon appellée la Salle, a esté trouvé sept grandes arbalestes, trois vieilles hallebardes, une picque, douze canternes pour charger grosses et petites pièces, 316 boulletz de fer... servant à coullevrynes.

En la chambre la plus près de la Salle ont esté trouvez :

Neuf quaques de poudres... et quantité de piques, pailles besses, tranches, hottes et boullets d'arquebuzes à crocq... (quarante livres ont été employées à tirer les pièces lorsque mond seigneur passa par ceste ville, comme il en a été justifié par assemblée de ville, le 29 septembre dernier passé, et a déclaré ledit Boissemon, l'ung des eschevins, que lesdictes neuf quaques de pouldres feut, au temps des trouppes (troubles) et lorsque messire Jean de Menou, chévalier de l'ordre du roy, sieur dud. lieu de

Menou, commandoit en cest chastel pour l'absence de monsieur l'admiral, prises au magazin du roy de Tours pour munition en ce chastel).

133 hottes, 183 tranches, 92 pelles, 156 piques dont y en a partie de cassé et démanché.

Led. Anglerais a déclaré qu'il n'y avoit aud. chastel aucuns meubles de maison et ustanciles appartenant au roy et à monseigneur.

Munitions de la ville à la même date:

24 harquebuzes à croq. — 10 fauconneaux. — Une quaque de poudre, et un peu de poudre dans une autre quaque. — 139 boullets ou balles de fauconneaux. — 7 piques. — 2 hellebardes. — 54 boulets à fauconneaux. — 40 balles d'arquebuses à crocq.

INVENTAIRE des munitions après le décès du duc d'Epernon. — 25 janvier 1642.

CHAMBRE DES MOUSQUETS.

282 mousquets. — 41 arquebuses et mousquets à crosse. — 141 bandoulières très vieilles.

CHAMBRE DES PIQUES.

100 piques fort vieilles, vermoulues et en partie rompues. — 4 pics. — 6 pelles bêches. — 175 bourguignottes. — 189 hausse-cols. — 150 corselets.

SUR LES TROIS TOURS DES MURAILLES DU COTÉ DE VIGNEMONT :

2 fauconneaux en fonte verte de 7 pieds de long, sur

lesquels sont les armes de la ville de Loches. — Un autre fauconneau de cinq pieds.

PLATE-FORME DU DONJON.

2 coulevrines en fonte verte du poids de 1,074 livres. — 1 fauconneau en fonte verte de quatre pieds et demi de long. — 9 arquebuses à croc, de fonte verte, de trois pieds de long chacune. — 5 autres, dont 2 de trois pieds et demi, sur lesquels est écrit LOCHES, les 3 autres de trois pieds, sur lesquels sont empreintes trois loches et les armes de la ville. — 8 futs de roues non ferrés pour monter des coulevrines et des fauconneaux. — 548 balles partie du poids d'une livre, partie de cinq quarterons. — 3 cercles à feu et 7 grenades. — 500 bottes de mèche. — 400 balles de coulevrine de huit livres pièce. — 1,939 balles à fauconneau. — 7 pétards de fonte verte. — 3 grandes rondaches. — 3 saumons de plomb. — Un morceau d'une table de plomb. — 2 seaux ferrés à puiser de l'eau. — 2 lances à feu. — 2 moules à faire des balles de fauconneau. — 4 traits de chanvre servant à l'attirail des coulevrines et fauconneaux. — 40 grandes bariques dans lesquelles sont renfermés plusieurs petits barils de poudre tant grosse que menue. — Une barique de mèche de Flandres. — 2 bariques de poudre et 2 bariques de soulfre.

ARSENAL.

2 grosses coulevrines sur lesquelles il y a deux piliers liés avec une couronne au-dessus, montées sur roues ferrées. — 5 petits fauconneaux de fonte verte montés sur roues non ferrées. — Un fauconneau de fer monté et un autre non monté, ayant chacun quatre pieds et demi de long.

CORPS DE GARDE DE NUIT.

3 pièces de campagne de fonte verte montées sur roues et portant les armes de la ville, garnies de tous leurs ustencilles.

2 boëtes de fer de 3 pieds et demi de long.

400 balles de coulevrines de 8 livres pièce.

CORPS DE GARDE DE LA PORTE.

6 mousquets.
3 hallebardes.
6 piques.

SUR LE PORTAIL.

1 coulevrine de fonte verte de 8 pieds de long.

« Jean-Louis d'Épernon était engagiste non seulement du domaine, mais encore de toutes les armes et munitions. On en laissa disposer par les héritiers de ce seigneur. » (*Liasse* EE, dossier 14, Arch. de Loches.)

OBJETS TROUVÉS DANS LES FOUILLES.

Lors des premières fouilles, au mois d'avril 1866, le sol intérieur du Donjon était d'environ 3 m. 50 plus haut que celui de la cour. Cette élévation avait fait supposer qu'il devait exister un étage souterrain. « L'exhaussement actuel du sol, disait Dufour en 1812, empêche de s'assurer s'il existait sous cette tour un *cryptoporticus* ou galerie à moitié sous terre, mais cela est assez présumable. »

Lorsque le déblaiement fut assez avancé, nous pûmes nous assurer que l'étage en question était divisé, dans le sens de la longueur, par un mur de refend peu postérieur au donjon, avec quelques restaurations du XIVe siècle. Une couche de mortier avec quelques carreaux encore en place indiquait le niveau du sol, et nous engagea à ne pas fouiller plus avant. Au-dessous la terre est jaune et tout à fait différente.

La nature des terrains extraits n'indique pas clairement comment cet étage avait été comblé. On rencontra d'abord une grande quantité de pierres et de moellons, mêlés de mortier pulvérisé provenant de la démolition du revêtement, démolition qui s'arrête juste à la hauteur du sol avant les fouilles, preuve que l'étage était déjà comblé au moins en partie lorsque ces dégradations eurent lieu.

Au-dessous une terre grasse, noire, mélangée de nombreux carreaux, de tessons de poterie, débris de cuisine, os, défenses de sanglier, bois de cerf, etc. On trouva dans cette couche, dont les linéaments assez horizontaux indiquaient qu'elle s'était produite successivement, quelques fers de flèches, quelques boulets de pierre, des clous en assez grande quantité, des morceaux de fer, et des fragments de meules.

Dans l'angle S.-O., la terre noire était mélangée d'une quantité considérable d'os et de crânes de petits rongeurs. Presque au fond de la fouille fut trouvée une monnaie au type chartrain.

La terre extraite du puits était grise et friable ; à 45 pieds de profondeur, on y trouva un petit morceau marbre poli[1], une bague en cuivre doré avec un châton composé d'une petite pierre bleue ou verte ressemblant à une turquoise, une monnaie, un morceau de soufre, des bois de cerf, des os, des fers de flèches, etc.

---

1. Jolie brèche verte nommée par les peintres marbre africain fleuri.

HAUTEURS DES DIFFÉRENTES PARTIES DU CHATEAU

Tour-Ronde [1].

Pour descendre au cachot dit de La Balue, 44 marches ayant en moyenne 0^m 20. Hauteur totale. . .   8^m 80
Du bas de l'escalier tournant au sommet de la tour, 108 marches. Hauteur moyenne 0^m 16. Hauteur totale. . . . . 17^m 28

                                                 26^m 08

Le Martelet.

Pour descendre au cachot de Sforza, 40 marches. H. m. 0^m 22. Hauteur totale. . . . . .   8^m 80
Du cachot de Sforza au cachot de Guillemet, 20 marches. H. m., 0^m 20. Hauteur totale. .   4^m »
Du cachot de Guillemet au souterrain, 33 marches. H. m. 0^m 16. Hauteur totale. . . .   5^m 28

                                                 18^m 08

[1]. Nos calculs ayant été établis sur la hauteur moyenne des marches, il peut se faire qu'il y ait quelques erreurs dans les hauteurs réelles des bâtiments.

Donjon.

Du sol à la porte, 12 marches. H. m. 0ᵐ 18.
Hauteur totale 2ᵐ 16
De la porte au premier étage, 40 marches.
H. m. 0ᵐ 17. . . . . 6ᵐ 80
Du premier au deuxième étage, 44 marches.
H. m. 0ᵐ 15 . . . . 6ᵐ 60
Du deuxième au troisième étage, 38 marches.
H. m. 0ᵐ 19 . . . . 5ᵐ 22
Du troisième étage au sommet, 28 marches.
H. m. 0ᵐ 16 . . . . 3ᵐ 48
                                        ─────
                                        24ᵐ 26
                                        ═════

FIN.

TABLE ANALYTIQUE
DES CHAPITRES

INTRODUCTION. . . . . p. I-VII

I

LES ORIGINES DU DONJON. — LES NORMANDS. — INGELGER ET LES PREMIERS COMTES D'ANJOU (450-997).

Loches. — Origines celtiques. — Souterrains de refuge. — Les Gaulois. — Conquête romaine. Voies et villas. — L'autel romain. — Saint-Eustoche fonde la première église. Le monastère de Saint-Ours. — Le premier château ; sa destruction en 742. — Les Normands. — La Touraine, préfecture royale. — Ingelger. — Foulque le Roux. — Foulque le Bon. — Geoffroy Grisegonelle. — La ceinture de la Sainte Vierge. — Maurice et Foulque Nerra. — Landry, comte de Dunois. Eude de Champagne, comte de Blois. Gelduin de Saumur. Archambault de Buzançais et Sulpice d'Amboise. — Plans stratégiques du comte d'Anjou. — Les donjons de Langeais, de Montbazon et de Loches. — L'abbaye de Beaulieu . . . . p. 1-13.

II

LES COMTES D'ANJOU. — FOULQUE III NERRA. — GEOFFROY MARTEL. — FOULQUE LE RECHIN. — FOULQUE V, ROI DE JÉRUSALEM (1002-1109).

Foulque Nerra. Son premier pèlerinage à Jérusalem. Commencement de la guerre en Touraine. — Lisoie de Basougers, capitaine du château de Loches. — Roger le Petit-Diable, seigneur de Montrésor. — Consécration de l'abbaye de Beaulieu. Le seigneur de

Saint-Aignan, prisonnier au château. — Mariage de Lisoie de Basougers. — Airard, prévôt de Loches. — Mort de Foulque Nerra. — Son tombeau retrouvé dans l'église de Beaulieu. — Geoffroy Martel. Sa querelle avec son père. — Captivité de Thibault III, comte de Blois. — Geoffroy s'empare de la Touraine. — Il donne l'église Saint-Ours à l'abbaye de Beaulieu. — Sa mort. — Geoffroy le Barbu et Foulque le Réchin. Querelle entre les deux frères. Foulque s'empare de l'héritage de son frère. — Excès du comte d'Anjou. État misérable de la Touraine. — Passage de Hugue de Chaumont à Loches. Archambault de *Bresis*. Guerre entre les seigneurs de Chaumont et de Montrésor. — Les barons essayent de délivrer Geoffroy le Barbu. — Foulque engage son comté au roi de France. — Philippe enlève la femme de Foulque, et la lui rend au bout de dix ans. — Foulque abdique en faveur de son fils Geoffroy IV. Geoffroy rend la liberté à son oncle. Mort de Geoffroy le Barbu et de Foulque Rechin.. . . . . . p. 14-26

III

LES PLANTAGENETS ET LES ROIS DE FRANCE. — LE CHATEAU SOUS LA DOMINATION ANGLAISE. — SAINT LOUIS ET DREUX DE MELLO (1110-1249).

Puissance des comtes d'Anjou. Leur politique. Naufrage de la Blanche-Nef. — Geoffroy le Bel et Mathilde l'*Empress*. — Geoffroy fait valoir les droits de sa femme sur la Normandie. — Deux anecdotes qui se passent au château de Loches. — Prétentions de Geoffroy sur l'Angleterre. — Prétentions du comte de Blois. — Aliénor d'Aquitaine épouse le frère de Geoffroy. — Henry II, roi d'Angleterre, héritier des comtes d'Anjou. Politique des rois de France. Le château de Loches pris et repris. — Révolte des fils de Henry II ; il meurt à Chinon ; ses funérailles. — Philippe-Auguste s'empare du château de Loches pendant la captivité de Richard Cœur-de-Lion. Celui-ci le reprend. — Sa mort. — Arthur de Bretagne et Jean Sans-Terre. — Philippe-Auguste reprend Loches sur le capitaine Girard d'Athée. — Captivité de Girard d'Athée ; sa fidélité au roi d'Angleterre ; sa haute position dans ce pays. — Philippe-Auguste donne Loches à Dreux de Mello. Restauration de la citadelle. — Dreux VI de Mello vend Loches au roi saint Louis.. . . . . p. 27-45

IV

DESCRIPTION DU VIEUX DONJON.

Le vieux donjon et ses enceintes. Plan du donjon. Influence des forteresses normandes. — Enceintes de pieux remplacées plus tard par des murs. — Différentes époques et constructions successives. — L'entrée du Donjon. — Dispositions intérieures. — Le puits. — Le passage secret. La Grande Salle. — Les étages supérieurs. Les hourds. La couverture. — La lanterne. — Boucherie, cuisine, moulin, four, huche à poisson. — Le petit donjon a-t-il jamais été terminé?.. . . . . p. 47-61

V

LA TOUR RONDE. — CONSTRUCTIONS DU XVe SIÈCLE (1261-1419).

Les Grandes Compagnies. — Quelques visites royales. — Saint Louis, Philippe le Bel, Jean II. — Bataille de Maupertuis et ses suites. — Charles V. — Edouard III. — Le Basquin du Poncet. — Enguerrand de Hesdin, capitaine de Loches. — Incendie de l'abbaye de Beaulieu. Guillaume Jolain et Jehan d'Azay. — Dernier ravitaillement du château. — Construction du nouveau Donjon. — Le portail du château. Rafael Salvette, Florentin.. . . . . . p. 62-74

VI

CHARLES VIII ET LOUIS XI. — LES PRISONNIERS D'ÉTAT. — LES CAGES DE FER (1424-1478)

Le connétable de Richemont. — Jeanne d'Arc. — Louis XI réfugié à Loches. — L'armée royale à Beaulieu. Le capitaine Archambault La Roque. — Privilèges et lettres patentes. — Jean V duc d'Alençon. Règlement de sa prison. Sa délivrance. — Guillaume de Ricarville, capitaine du château. — Pierre de Brézé. — Philippe de Savoie, comte de Bresse. — Antoine du Lau, seigneur de Chateauneuf. Son évasion. — Charles de Melun. — La Baluc. Son arrestation. Il est transféré successivement à Onzain, à Loches, à Chinon. Son procès. — Olivier le Daim. — Les *fillettes du roi*. — Les cages de fer. — Hans Fer d'argent, fabricant de cages.

218   TABLE ANALYTIQUE DES CHAPITRES.

— Destruction de celles de Loches. — La Balue à Chinon. Sa maladie. Sa délivrance. Son retour en France. Sa mort. — Jean Deymer. — La lutte pour l'existence. — Le duc d'Alençon, prisonnier une seconde fois. — Louis XI au château d'Alençon. — Jean de Sainte-Maure. Jean de Sarbruck. — Philippe de Commines. Son inscription. . . . . p. 75-94

VII

LE MARTELET. — LE CACHOT DE LUDOVIC SFORZA.

Le Martelet et les souterrains. — Le cachot de Ludovic Sforza. — La bataille de Novare. Prise de Ludovic. — Ses différentes prisons. Sa maladie à Asti. Son évasion de Pierre-Encise. Il est transféré à Bourges, puis à Loches. Rigueurs de Louis XII. Origine des Sforza. Leurs alliances avec Louis XI et les Visconti. Usurpation de Ludovic Sforza. — Ses goûts pour les sciences et les arts. — La cheminée, le cadran, le portrait de Ludovic. Les peintures moresques. Description de ces peintures. — Le cerf couché. SAV SAN. Ludovic transféré dans la Tour Ronde. Curieuse inscription de cette nouvelle prison. — François de Pontremolo son compagnon de captivité. Mort de Ludovic. Sa sépulture. — Médaille de Galéas Sforza trouvée au Grand-Pressigny. . p. 94-108

VIII

LES SOUTERRAINS.

Le cachot de l'oubliette. — Inscription de Guillemet. — Les souterrains. — *Requiescat*. — Inscriptions de 1417. — Description des oubliettes. Ce qu'il faut en croire. — L'escalier ruiné de Bélébat. — Le gouverneur Pontbriant et le prisonnier oublié. — L'inscription de 1785 . . . . p. 109-115

IX

PIERRE DE NAVARRE. — LE COMTE DE SAINT-VALLIER. — PROCÈS D'UN MARÉCHAL DE FRANCE SOUS HENRY II. (1512-1557).

Prisonniers célèbres. — Pierre de Navarre. Sa mort. Son tombeau. — Complot du connétable de Bourbon découvert par Louis de Brézé. — Arrestation de Saint-Vallier, d'Aimar de Prie et des évêques du

Puy et d'Autun. Ils sont transférés à Loches avec d'autres ac_cusés. L'instruction du procès se fait au château de Loches. — Deux lettres du comte de Saint-Vallier à son gendre et à sa fille. — Sa condamnation. — Le *Roi s'amuse*. Diane de Poitiers. — Commutation de peine. — *Fièvre de Saint-Vallier*. — Stipulation du traité de Madrid en faveur des complices du connétable. — Aimar de Prie obtient sa grâce. — Procès de Oudart du Biez, maréchal de France, et de son gendre Jacques de Coucy. Siège et capitulation de Boulogne. Du Biez et Coucy, accusés de trahison, sont condamnés à mort. — Du Biez obtient sa grâce et est renfermé au château. — Réhabilitation des deux condamnés. . . . . p. 116-130

X

LES GUERRES DE RELIGION ET LA LIGUE. (1560-1588).

Conjuration d'Amboise. — Le maréchal de Termes en garnison à Loches. Excès et oppressions des gens de guerre. Le château de Loches place frontière. — Le comte de Grammont et les Gascons. — Le duc de Bouillon et le seigneur de Duras. — Loches occupé par le prince de Condé, et repris par le maréchal de Montmorency. — Honorat de Savoie, marquis de Villars, gouverneur. — La compagnie du duc de Montpensier. — Talvois capitaine du château. — Les munitions de la ville volées par les troupes. — Le grand hiver — La guerre, la peste et la famine. — Le duc de Nevers. — Démarches des habitants pour obtenir décharge de la garnison. — Lettre de M. de Chavigny. — Passage de Charles IX à Loches. — Nouveau soulèvement des Réformés. — Jean Baret, chef des Calvinistes à Loches. — Prévôt de la Menardière. — Lettres de M. de Prie et de M. de Montrud. — Les lignes de la Loire occupées par les Calvinistes. — Graves discussions dans le conseil. — Le duc d'Anjou rassemble son armée à Loches. — Approvisionnements de l'armée catholique. — Bataille de Moncontour. — La Saint-Barthélemy. — Saint Étienne prisonnier de guerre. — Le duc d'Alençon à l'abbaye de Beaulieu. — Jacques de Saint-Julien et Chicot. — Durbois capitaine. — Jean Perrier, massacreur de huguenots. — Le capitaine Montlouis. — Sallern. — Le duc d'Elbeuf prisonnier. — Prise du château de la Guerche. — Le château de Loches n'est plus qu'une prison d'État . . . . p. 131-143

XI

LE MARQUIS DE CHANDENIER. — UNE PROTESTANTE. — LES DÉTENUS DE L'AN II (1648-1792).

Baudini prisonnier. — François de Rochechouart, marquis de Chandenier. Tumulte aux Feuillants. Frayeur du cardinal Mazarin. Chandenier destitué. — Le duc de Noailles capitaine des gardes. Noble résistance de Chandenier. — Il est envoyé à Loches *au pain du roi.* — Il donne une lampe d'argent à l'Église de Loches. — Une lettre de cachet. Madame Paul. — La Chalotais et son fils. — Les prisonniers de guerre sous Louis XIV et sous l'Empire. — Les suspects. Emprisonnement des 14 religieuses des Viantaises. — Les détenus d'Amboise. — Régime des prisons en l'an II. — Évasion de René Fontaine. — Les prisonniers *enfergés.* — Règlement du 13 nivôse an VIII. — Fin de l'histoire du Donjon.... p. 144-157

XII

GOUVERNEURS.

Adalande. — Garnier. — Archalde. — Archambault. — Lisoie de Bazogers. — Airard. — Erbert. — Geoffroy *Papabovem.* — Gautier Faimeau. — Burdalius. — Hernerus de Montbazon — Henry. — Guy de Laval ou de Van Guinosse. — Robert de Turneham et Girard d'Athée. — Guillaume d'Azay. — Dreux IV, Dreux V et Dreux VI de Mello. — Philippe d'Esvre. — Guarin de Roccio. — Pierre et Guillaume le Voyer de Paulmy. — Pierre de Brosse. — Enguerrand de Hesdin. — Jehan d'Azay. — Guillaume Jolain. — André de Famont. — Philippe Ier de Voyer. — Jehan du Bouschet. — Guillaume de Maussabré. — Jean IV de Bueil. — Artus de Bretagne. — Pierre d'Amboise. — Antoine de Guenand des Bordes. — Jehan Bernard. — Guillaume de Ricarville. — Roland Ier de Lescouet. — Bertrand de Lescouet. — François de Pontbriand. — Pierre du Douet. — Tiercelin de Brosse. — Joachim de la Châtre. — Pierre de la Tousche Jehan de Tays. — Prévot de la Menardière de Talvoys. — Antoine d'Anglerais dit *Chicot.* — Le maréchal de la Châtre. — Brossin de Méré. — L'amiral de Villars. — René de Voyer. — Jean de Menou. — Charles de Durbois. — Jean-Louis de Nogaret de la Valette, duc d'Épernon. — Gaillard de Saint-Pastour, sieur de Sallern.— Polastron de la Hillière.— Le capitaine Georges. — Bernard de Nogaret, duc d'Epernon.— de Grateloup.— François de Beauvilliers.— de Boutillon. — Guesbin de Rassay. — de Bracque.— Paul de Beauvilliers. — Honorat de Baraudin. — Paul-Hippolyte de Beauvilliers. — Paul-Emile de Bracque. — Chaspoux de Verneuil. — Marc-René de Voyer d'Argenson. — Mayaud de Boislambert. — De Messey. *Bertauldus de Pratis*. . . . . . p. 158-192

XIII

INSCRIPTIONS.

Inscriptions relevées dans les différentes parties du château de Loches . . . . p. 193-204

APPENDICE

Inventaires des munitions — Objets trouvés dans les fouilles — auteurs des différentes parties du château . . . . . . p. 205-213

Châteauroux. — Typ. et Stéréotyp. A. Nuret et Fils.

BLASONS
recueillis dans les diverses parties du Château

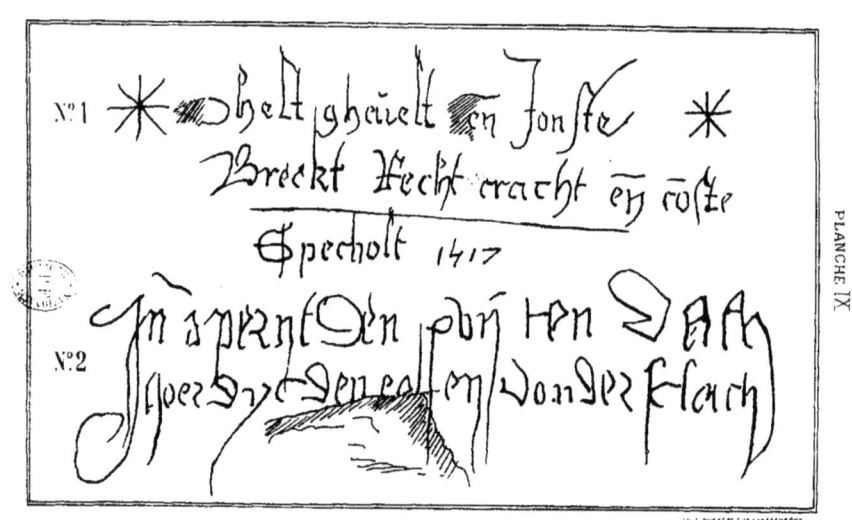

INSCRIPTIONS DU PONT-LEVIS

PLANCHE X

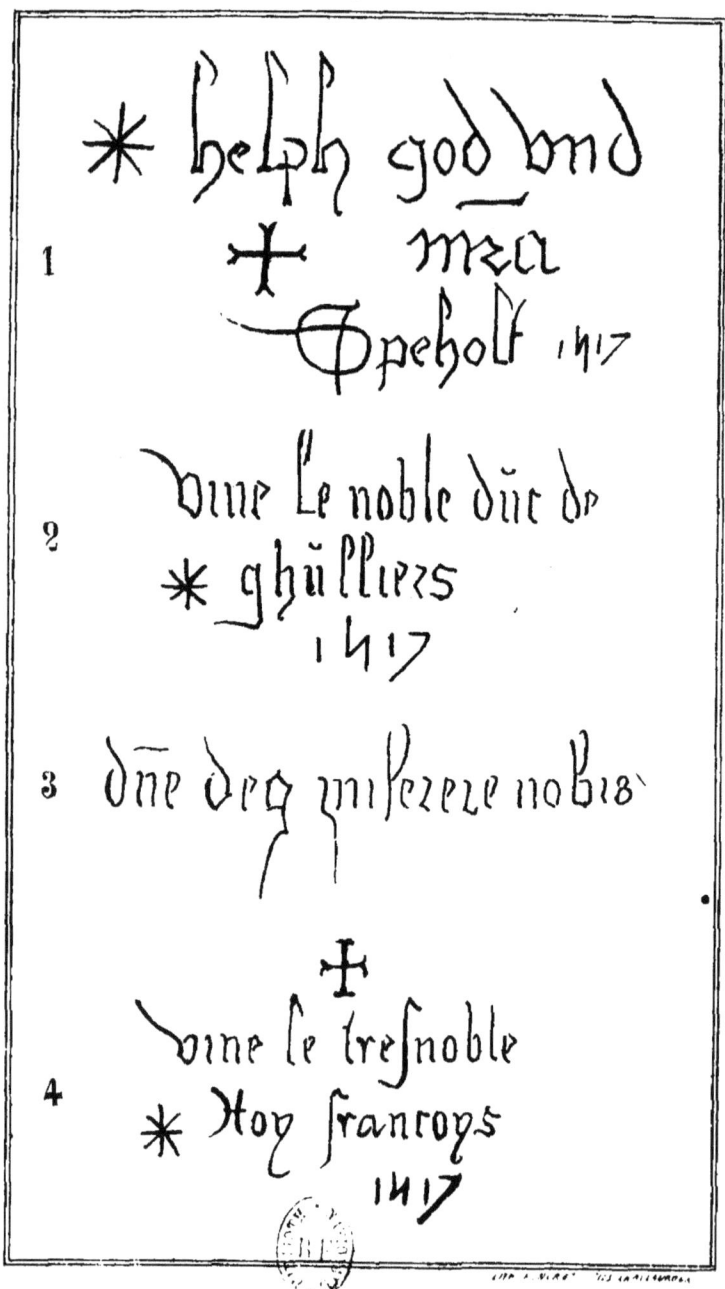

INSCRIPTIONS DU PONT-LEVIS

PLANCHE XI

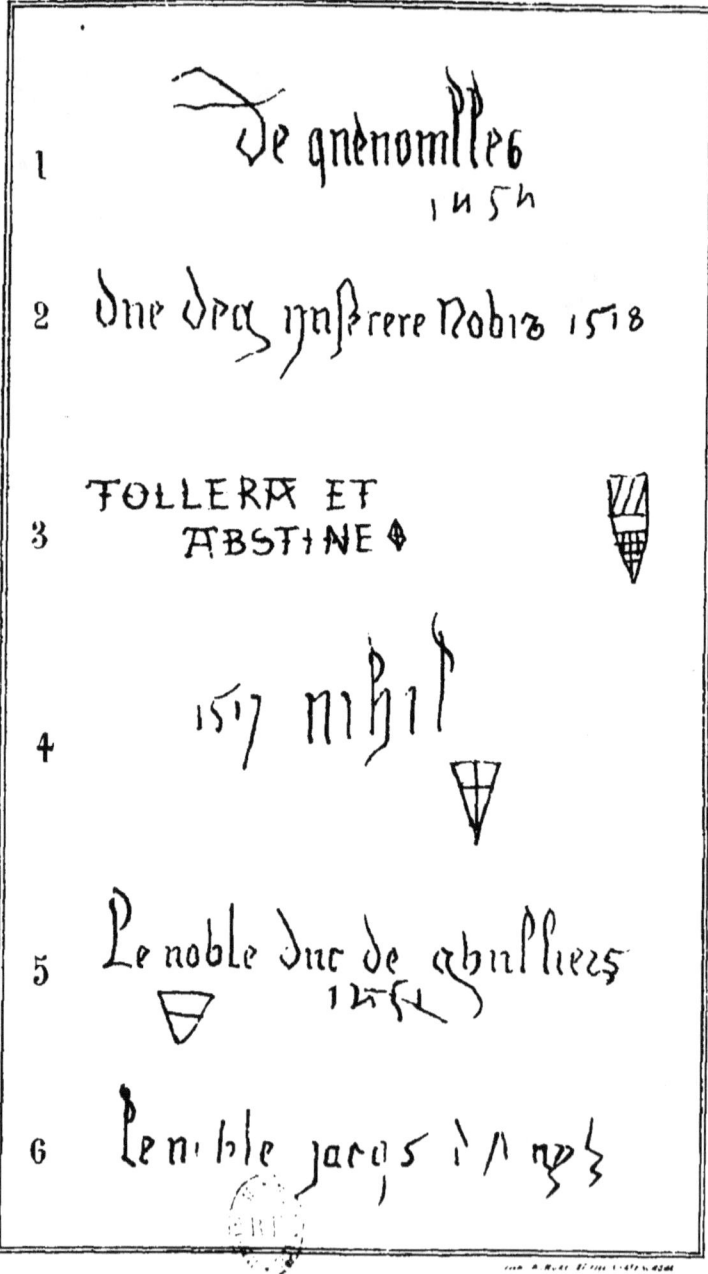

INSCRIPTIONS DES SOUTERRAINS

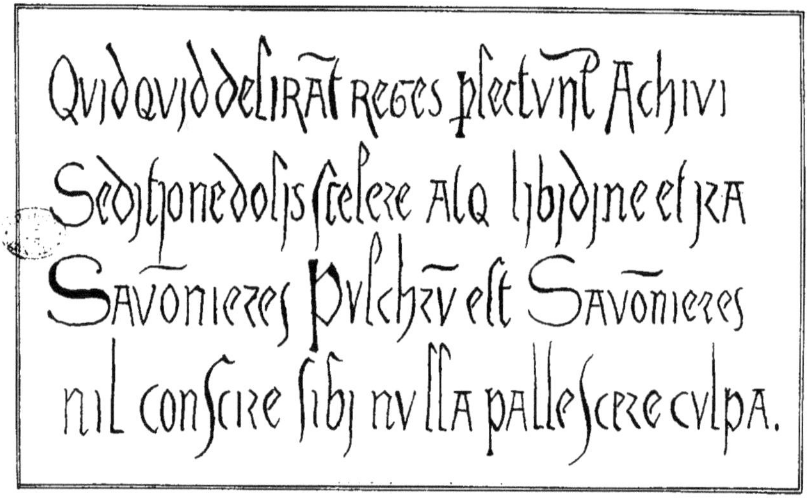

Quidquid delirāt reges plectunt Achivi
Seditione dolis scelere atq libidine et jra
Savonieres pulchrũ est Savonieres
nil conscire sibj nulla pallescere culpa.

PLANCHE XII

HINC MICHI PRIMA MALI LABES
HINC SEMPER

Lo casio fut si grade q̄ estat page æge à ma
vne dame ægee de no me vid a blois   ave
mes copa͞ ͞os et fut frappee dvn amour si demesu
en mo de qoi le roi estant adverti apres avoir
mo͞tes eut recovrs avx : agi ͞es evx avx

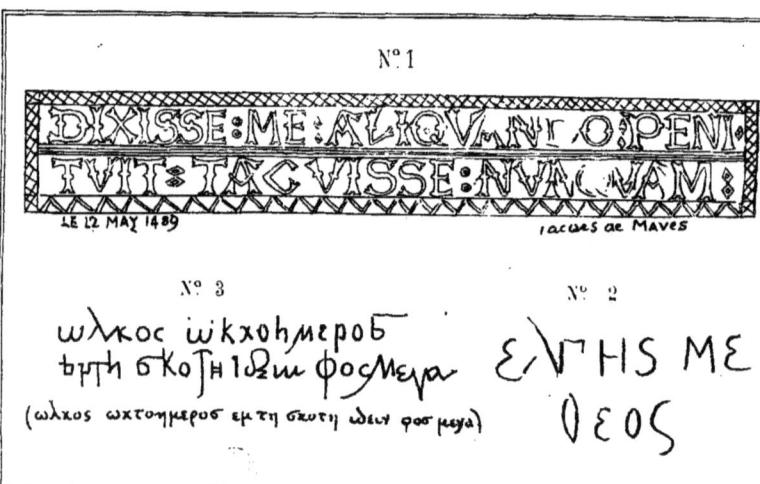

1. Inscription attribuée à Philippe de Commines.
2. Inscription grecque.
3. Autre inscription grecque dans le portail du château.

Sed non
patimur Sed non der
Humiliamur Sed non co
dejicimur Sed
perimus

PLANCHE XV

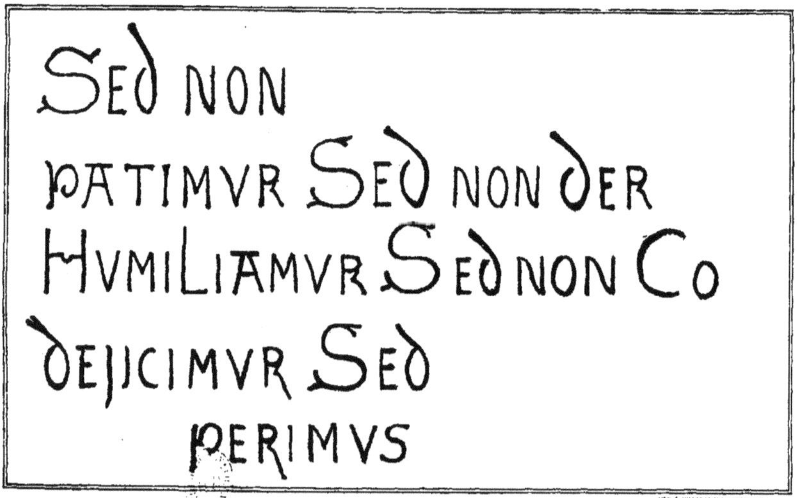

INSCRIPTION DE L'ESCALIER DU MARTELET

www.ingramcontent.com/pod-product-compliance
Lightning Source LLC
Chambersburg PA
CBHW050326170426
43200CB00009BA/1482